重要判例&事例でわかる相続の手引き

平成30年相続法
改正完全対応！

弁護士 小谷 健太郎 [著]

税務経理協会

はじめに

　近時，日本では少子高齢化がますます進み，大相続時代が目前に迫っているといわれております。日本の会社の99％を占める中小企業においても，高齢の経営者が適切な相続・事業承継対策を講じておらず，大廃業時代が到来するなどとも報じられており，相続問題は，さまざまな局面で問題となっています。

　また，日本では1年間に相続されるお金が50兆円以上という推計もあるところであり，相続の問題は誰もが避けて通れない法律問題になっています。

　そこで，本書は，相続が起こった時に，まず，どのような手続きをとるのかという点について一般的な事項を確認したうえで，相続手続きにあたって，取るべき方法について，相続人，遺言，遺産等の調査方法から遡って説明し，相続財産を承継するのか，相続財産を放棄するのかのそれぞれの場面に応じて，いわゆる相続の手引きのような形で解説をしています。

　そのうえで，遺産の相続にあたって問題となる論点を事例形式にして，重要判例・裁判例とともに掲載することで，法律専門家のみならず，法曹実務家以外の方にも読みやすく，理解がしやすいように心掛けました。

　また，預金債権が遺産分割協議の対象となるとされた平成28年12月19日の最高裁決定や，平成29年創設の法定相続情報証明制度，平成30年の相続法改正についても完全対応することにより，従前の実務からの変更点にも留意できるようにしております。

　平成30年相続法改正では，主に，①生存配偶者保護のための短期居住権及び配偶者（長期）居住権の創設，②遺産分割に関する見直しとして，婚姻期間20年以上の配偶者に対する居住用不動産の遺贈又は贈与についての持戻し免除の意思表示の推定，預貯金の仮払い制度の創設，③遺言制度に関する見直しとして，自筆証書遺言の方式の緩和，自筆証書遺言の保管制度の創設，④遺留分算定方法や遺留分減殺請求権の効力の見直し等，⑤相続の効力等（権利及び義務の承継等）に関する見直し，⑥相続人以外の者の貢献を考慮するための方策として，相続人以外の親族に特別寄与料の支払請求権を付与する制度の創設など，極めて重要な改正がなされました。

これらの点について，従前の論点と対比させる形で記載しており，相続における論点を事例・裁判例とともに総整理をしていただくとともに，相続法改正についての知識をインプットしていただくというのが，本書のコンセプトです。

相続に関しては，平成30年の相続法改正に先立って，平成27年に相続税制度について，基礎控除額の減額，税率の引き上げなどの大改正がなされました。従前，相続税の納税者は4％程度しかいなかったといわれておりましたが，この改正により相続税の納税者は10％程度に飛躍的に増えたといわれております。

もっとも，相続トラブルについては，相続税を納付しなくてもよい場面において，非常にトラブルになるケースが多く，いわゆる親族同士が骨肉の争いを繰り広げる「争族」に発展するケースが多いところです。

平成27年度の司法統計資料では，裁判所が遺産分割事件として取り扱ったケースの約3割は遺産額が1,000万円以下であり，従前，基礎控除の範囲内であった遺産総額5,000万円以下の遺産分割調停が全体の75％を占めているという統計があります。

このことからも，相続税を納めなくてもよい家庭におけるトラブルが遺産分割事件においては，かなりのウェイトを占めていることがわかります。相続税は問題とならなくても，相続人が2人以上いるようであれば，争族として揉める潜在的な可能性が十分にあることになります。

相続税を納めなくてもよい家庭において，多くの相続トラブルが発生してしまう要因として考えられるのは，相続税を納めなければならない家庭においては，弁護士や税理士や金融機関などの案内で，事前に節税対策や相続トラブルの解決対策を十分に講じているケースも多いのですが，相続税がかからないとわかっている家庭ほど，相続についての事前対策をほとんどとっていないことに起因しています。

また，遺産として残される財産の種類の順番として，国税庁の相続時種類別取得財産価額（平成27年度）によると，土地38.0％，現金・預貯金等30.7％，有価証券14.9％という順番となっており，遺産として分割しづらい不動産の割合が高いため，分割しづらい不動産と分割がしやすい現金や預金などの分割割合をめぐってトラブルが発生しやすい傾向にあります。

そして，未曾有の高齢化社会を迎えて，介護サポートがごく日常的に行われるようになっている昨今においては，介護に従事していた人が法定相続分どおりで分割することに不公平感を感じて，トラブルになるケースもあります。

　私の経験からも，遺産分割調停などでは，亡くなった被相続人に対する寄与分の問題や特別受益の問題などはほぼ不可避の問題となっており，一方で，遺言があっても，遺言自体が無効であるとか，遺留分の問題に発展したりと，相続トラブルについては，枚挙に暇がないところです。

　このような事態に備え，本書では，最初に一般的な相続手続きについての概略を俯瞰したうえで，相続でよく問題となり得る事例や重要な裁判例を中心に取り上げ，皆様が直面しうる問題に沿った形で事例を設定し，解決方法をご提案していきたいと考えております。皆様の相続トラブルの解決の一助になれば，幸甚です。

　2018年10月

弁護士　小谷健太郎

目　　次

はじめに

第1章　相続開始からの手続きの流れ

第1　遺産分割にあたっての相続人，遺言，遺産等の調査方法………　4
　Ⅰ　は じ め に………………………………………………………………　4
　Ⅱ　相続人の特定……………………………………………………………　4
　Ⅲ　遺言の有無の確認………………………………………………………　4
　　1　公正証書遺言…………………………………………………………　4
　　2　自筆証書遺言…………………………………………………………　5
　Ⅳ　相続財産等の調査方法…………………………………………………　6
　　1　総　論（包括的な調査，把握方法）………………………………　6
　　（1）事実上の手続き……………………………………………………　6
　　（2）法律上の手続き……………………………………………………　7
　　2　各　論（代表的な個別財産について調査，把握方法）…………　7
　　（1）預　　　金…………………………………………………………　7
　　（2）株式・社債等・投資信託…………………………………………　8
　　（3）生 命 保 険…………………………………………………………　8
　　（4）不 動 産……………………………………………………………　8
第2　相続財産を承継する場合の解決方法………………………………　9
　Ⅰ　遺　　　言………………………………………………………………　9
　　1　遺言の種類……………………………………………………………　9
　　2　遺言についての問題点，留意点……………………………………　15
　Ⅱ　遺産分割協議……………………………………………………………　17
　　1　は じ め に……………………………………………………………　17

  2 遺産分割協議の際に注意すべき問題点及び留意点……………… 19
 Ⅲ 調　　　停……………………………………………………………… 32
 Ⅳ 審　　　判……………………………………………………………… 33
 Ⅴ その他民事訴訟による解決………………………………………… 33
 Ⅵ 小　　　括……………………………………………………………… 34
第3 相続財産移転のための関連諸手続き………………………………… 35
 Ⅰ 預　貯　金……………………………………………………………… 35
 Ⅱ 株式，社債などの有価証券………………………………………… 38
 Ⅲ 不動産の登記手続き………………………………………………… 38
  1 登記手続き………………………………………………………… 38
  2 明渡に際しての留意事項………………………………………… 39
 Ⅳ 動　　　産……………………………………………………………… 45
 Ⅴ 貸金債権，売掛債権など…………………………………………… 45
 Ⅵ 知的財産権……………………………………………………………… 46
  1 著　作　権………………………………………………………… 46
  2 特許権，実用新案権，意匠権，商標権………………………… 46
第4 相続財産を放棄する場合の方法……………………………………… 48
 Ⅰ 相 続 放 棄……………………………………………………………… 48
 Ⅱ 限 定 承 認……………………………………………………………… 60

第2章　相続において問題となり得る事例及び解説

第1 遺産分割の当事者等…………………………………………………… 62
 Ⅰ 相続人の確定…………………………………………………………… 62
 Ⅱ 相続分の譲渡・相続分の放棄……………………………………… 69
第2 遺産の範囲について（相続対象財産）……………………………… 70
第3 遺産の評価……………………………………………………………… 75
 Ⅰ はじめに………………………………………………………………… 75

Ⅱ　遺産の評価の時点 …………………………………………………… 75
　　Ⅲ　各種遺産の評価方法 ………………………………………………… 76
　　　1　預　貯　金 ………………………………………………………… 76
　　　2　動　　　産 ………………………………………………………… 76
　　　3　株　　　式 ………………………………………………………… 76
　　　4　不　動　産 ………………………………………………………… 77
　　　5　債　　　権 ………………………………………………………… 78
第4　遺産の取り分についての争い …………………………………………… 79
　　Ⅰ　特　別　受　益 ……………………………………………………… 79
　　　1　特別受益の種類 …………………………………………………… 79
　　　　（1）遺　　　贈 …………………………………………………… 79
　　　　（2）生　前　贈　与 ……………………………………………… 79
　　　2　持戻し免除の意思表示 …………………………………………… 92
　　Ⅱ　寄　与　分 …………………………………………………………… 96
　　　1　意　　　義 ………………………………………………………… 96
　　　2　要　　　件 ………………………………………………………… 96
　　　3　寄与行為の類型 …………………………………………………… 101
第5　遺産分割方法 ……………………………………………………………… 109
　　Ⅰ　はじめに ……………………………………………………………… 109
　　Ⅱ　現物分割 ……………………………………………………………… 111
　　Ⅲ　代償分割 ……………………………………………………………… 116
　　Ⅳ　換価分割 ……………………………………………………………… 118
　　Ⅴ　共有分割 ……………………………………………………………… 119
第6　遺言にまつわる問題 ……………………………………………………… 120
　　Ⅰ　遺言の有効性に関する問題（総論）………………………………… 120
　　　1　形式的要件の欠缺 ………………………………………………… 121
　　　　（1）遺言の方式違反 ……………………………………………… 121
　　　　（2）共同遺言の禁止（民法975条）……………………………… 125

（3）証人立会人の欠格事由（民法974条）…………………127
　2　実質的要件の欠缺………………………………………………128
　　　（1）遺言能力の欠缺………………………………………………128
　　　（2）遺言の内容が法律上許されないときや公序良俗に反するとき…129
　　　（3）遺言の錯誤と詐欺取消………………………………………131
　3　被後見人が後見の計算（財産目録の作成）の終了前に後見人又はその配偶者もしくは直系卑属の利益となるべき遺言をした時（民法966条1項）……………………………………………131
　4　遺言者の死亡以前に受遺者が死亡していた時（民法994条）………131
　5　遺贈の目的である権利が遺言者の死亡時において相続財産に属しなかった場合（民法996条）…………………………………133
Ⅱ　遺言無効の主張方法……………………………………………134
　1　遺言無効確認調停・遺言無効確認の訴え………………………134
　2　遺言無効確認請求の提訴時期に関する問題……………………134
　3　付随論点…………………………………………………………135
Ⅲ　無効な遺言の転換の問題………………………………………136
Ⅳ　遺言の撤回………………………………………………………136
Ⅴ　相続させる旨の遺言（改正民法：特定財産承継遺言）………140
Ⅵ　遺言執行者にまつわる問題……………………………………144

第7　遺留分にまつわる問題……………………………………150
Ⅰ　遺留分……………………………………………………………150
Ⅱ　遺留分の算定方法………………………………………………150
　1　総体的遺留分（遺留分権利者全体の遺留分の割合）……………150
　2　個別的遺留分……………………………………………………151
　3　遺留分の算定の基礎となる財産の価額…………………………151
　4　遺留分額の結論…………………………………………………153
Ⅲ　遺留分の放棄……………………………………………………156
　1　相続開始後の遺留分の放棄……………………………………156

2　相続開始前の遺留分の放棄……………………………………………157
第8　遺留分減殺請求権にまつわる問題……………………………………158
　Ⅰ　遺留分減殺請求後の法律関係……………………………………………160
　Ⅱ　遺留分侵害額の算定方法…………………………………………………162
　Ⅲ　遺留分減殺請求の行使……………………………………………………164
　Ⅳ　遺留分減殺の対象…………………………………………………………165
　Ⅴ　遺留分減殺の順序…………………………………………………………169
　Ⅵ　遺留分減殺請求に対する価格賠償………………………………………172
　Ⅶ　遺留分減殺請求と時効の関係……………………………………………176

お わ り に

巻 末 資 料
● 自筆証言遺言の方式の緩和方策として考えられる遺言例 ………………182
● 法定相続情報制度関連資料 …………………………………………………189
● 新民法相続法条文 ……………………………………………………………192
● 法務局における遺言書の保管等に関する法律 ……………………………225

よくある質問（ＦＡＱ）の索引

第1章　相続開始からの手続きの流れ

- 【1】遺言の検認 …………………………………………………………… 15
- 【2】封印のある遺言書の開封 …………………………………………… 15
- 【3】相続人全員が遺言と異なる遺産分けを希望した場合 …………… 16
- 【4】遺言執行者 …………………………………………………………… 16
- 【5】遺産分割協議書に関与する当事者 ………………………………… 19
- 【6】遺産分割協議にあたり判断能力のない相続人がいた場合 ……… 19
- 【7】遺産分割協議にあたり未成年の相続人がいた場合 ……………… 19
- 【8】遺産分割協議にあたり相続人の一部が行方不明の場合 ………… 20
- 【9】遺産分割協議書作成後に新たな遺産が発見された場合 ………… 20
- 【10】遺産分割協議に被相続人の遺産でないものを入れてしまった場合 …… 21
- 【11】遺産分割協議の取消 ………………………………………………… 21
- 【12】遺産分割協議書の債務不履行解除 ………………………………… 21
- 【13】遺産分割の対象となる財産とならない財産 ……………………… 22
- 【14】遺産分割協議前の預金の引き出し ………………………………… 35
- 【15】銀行の貸金庫の開扉の手続き ……………………………………… 37
- 【16】一部の相続人に対する不動産の明渡請求 ………………………… 39
- 【17】被相続人と同居人であった相続人に対する建物の明渡及び賃料相当損害金の請求の可否 ……………………………………… 39
- 【18】内縁配偶者に対する相続人からの明渡請求 ……………………… 44
- 【19】内縁配偶者に対する賃貸人からの明渡請求 ……………………… 44
- 【20】相続人がいない内縁配偶者に対する賃貸人からの明渡請求 …… 45
- 【21】相続放棄の熟慮期間 ………………………………………………… 48
- 【22】相続放棄と利益相反 ………………………………………………… 49
- 【23】相続放棄と錯誤無効・相続放棄の無効主張の方法 ……………… 50
- 【24】相続放棄と詐害行為取消 …………………………………………… 51
- 【25】保険金の受領と相続放棄（法定単純承認該当性）……………… 52
- 【26】遺産分割協議と相続放棄（法定単純承認該当性）……………… 53
- 【27】葬儀費用等の支出と相続放棄（法定単純承認該当性）………… 53
- 【28】葬儀費用等の支出と相続放棄（法定単純承認該当性）………… 55
- 【29】被相続人の債権の取り立てと相続放棄（法定単純承認該当性）… 57
- 【30】相続財産の隠匿と相続放棄 ………………………………………… 58

【31】相続放棄などで相続人が誰か不明になった場合の債権者の対応 ……… 59

第2章　相続において問題となり得る事例及び解説
　【32】相続欠格制度 ……………………………………………………………… 62
　【33】相続廃除制度 ……………………………………………………………… 64
　【34】相続分の譲渡 ……………………………………………………………… 69
　【35】預貯金の帰属の問題（いわゆる名義預金）……………………………… 70
　【36】金融機関に対する預金取引の開示が問題となる事例 ………………… 74
　【37】大学等の学費等と特別受益 ……………………………………………… 80
　【38】債務の肩代わりと特別受益 ……………………………………………… 81
　【39】生命保険金の受領と特別受益 …………………………………………… 82
　【40】死亡退職金と特別受益 …………………………………………………… 84
　【41】遺族給付と特別受益 ……………………………………………………… 87
　【42】使用借権と特別受益 ……………………………………………………… 88
　【43】被相続人の建物の無償使用と特別受益 ………………………………… 89
　【44】相続人以外の者への贈与等が特別受益になる場合 …………………… 89
　【45】被代襲者への贈与と代襲者の特別受益 ………………………………… 90
　【46】代襲者への贈与と特別受益 ……………………………………………… 90
　【47】養子縁組前の養子への贈与と特別受益 ………………………………… 90
　【48】再転相続と特別受益 ……………………………………………………… 91
　【49】持戻し免除の意思表示 …………………………………………………… 94
　【50】持戻し免除の意思表示 …………………………………………………… 94
　【51】持戻し免除の意思表示と遺留分 ………………………………………… 95
　【52】相続人でない者の寄与 …………………………………………………… 97
　【53】被代襲者の寄与と代襲相続人の寄与分 …………………………………100
　【54】代襲相続人の寄与と寄与分 ………………………………………………100
　【55】寄与行為の時期 ……………………………………………………………100
　【56】寄与分と遺留分の関係 ……………………………………………………101
　【57】被相続人の営む会社への労務提供 ………………………………………102
　【58】被相続人の営む会社への金銭の出資 ……………………………………103
　【59】相続人の経営する会社から被相続人への報酬の支払い ………………104
　【60】被相続人への療養看護による寄与分 ……………………………………104
　【61】被相続人への扶養による寄与分 …………………………………………105
　【62】被相続人の財産の財産管理による寄与分 ………………………………106

- 【63】被相続人の財産の財産管理による寄与分 ……………………107
- 【64】先行相続における相続放棄と寄与分 ………………………108
- 【65】遺産分割方法に争いがある場合の検討順序 …………………109
- 【66】一部分割の可否 ……………………………………………110
- 【67】単位株制度の適用がある株式の分割 ………………………111
- 【68】非上場株式の分割 …………………………………………112
- 【69】代償分割の要件 ……………………………………………117
- 【70】不動産を代償金を支払って取得した場合の取得費算入の可否 ……117
- 【71】他人の添え手による補助を受けた自筆証書遺言の効力 ……121
- 【72】他人の偽造による自筆証書遺言 ……………………………122
- 【73】パソコンを用いた遺言 ……………………………………123
- 【74】日付の不備 …………………………………………………124
- 【75】押印に花押をした遺言 ……………………………………125
- 【76】共同遺言 ……………………………………………………125
- 【77】遺言の証人又は立会人の欠格事由 …………………………127
- 【78】遺言能力が問題となる遺言 ………………………………128
- 【79】公序良俗が問題となる遺言 ………………………………129
- 【80】遺言の受遺者が死亡していた場合 …………………………132
- 【81】遺言無効確認請求を提起できる時期
  （遺言者の生前における提訴の可否）…………………………134
- 【82】無効な自筆証書遺言の死因贈与契約への転換 ……………136
- 【83】遺言の撤回 …………………………………………………136
- 【84】遺言の撤回 …………………………………………………137
- 【85】旧遺言の復活 ………………………………………………138
- 【86】相続させる旨の遺言 ………………………………………140
- 【87】相続分を超える遺産の相続と対抗要件 ……………………142
- 【88】遺言執行者と相続登記 ……………………………………145
- 【89】遺言執行者と預金の払い戻し ……………………………148
- 【90】遺言執行者と相続人の行為 ………………………………148
- 【91】特別受益としての贈与と遺留分算定の基礎 ………………153
- 【92】持戻し免除の意思表示がある場合と遺留分算定の基礎 ……155
- 【93】相続開始前の遺留分の放棄 ………………………………157
- 【94】遺留分減殺請求後の法律関係 ……………………………160
- 【95】相続債務がある場合の遺留分侵害額の算定方法 …………162

- 【96】 財産全部及び全相続債務を相続させる旨の遺言がされた場合の遺留分侵害額 …………………………………………………………………163
- 【97】 遺留分減殺請求と代位行使（民法423条）……………………………164
- 【98】 生命保険金受取人の変更と遺留分減殺の対象性 ……………………165
- 【99】 相続分の指定・特別受益の持戻し免除・担保責任の免除と遺留分減殺の対象性 …………………………………………………166
- 【100】 相続分の譲渡の遺留分減殺の対象性………………………………167
- 【101】 遺留分権利者の減殺対象の選択の可否……………………………167
- 【102】 共同相続人の遺留分と遺留分減殺の対象性………………………168
- 【103】 相続させる旨の遺言と遺贈…………………………………………169
- 【104】 遺留分減殺の順序（死因贈与）……………………………………169
- 【105】 価格賠償の要件………………………………………………………172
- 【106】 遺留分権利者からの価格賠償請求のための要件…………………173
- 【107】 遺留分減殺の対象とされた贈与又は遺贈の目的である各個の財産の価格賠償……………………………………………………………175
- 【108】 遺留分減殺請求権の消滅時効………………………………………176
- 【109】 遺産分割協議の申し入れと遺留分減殺請求………………………177
- 【110】 遺留分減殺請求権の消滅時効………………………………………178
- 【111】 遺留分減殺請求権に対する受贈者側の取得時効の抗弁の成否………179

平成30年相続法改正の索引

① 自筆証書遺言の方式の緩和（改正民法968条）……………… 12
② 自筆証書遺言に係る遺言書の保管制度……………………………… 12
③ 相続債務の承継の明文化（民法902条の2）……………………… 25
④ 遺産の分割前に遺産に属する財産が処分された場合の範囲
（民法906条の2）……………………………………………………… 27
⑤ 遺産分割協議前の預金の引き出し（1）
遺産分割協議前の仮分割の仮処分（家事事件手続法200条3項）……… 36
⑥ 遺産分割協議前の預金の引き出し（2）（民法909条の2）………… 37
⑦ 配偶者短期居住権（民法1037条～1041条）……………………… 40
⑧ 配偶者居住権（民法1028条～1036条）…………………………… 41
⑨ 持戻し免除の意思表示の推定（民法903条3項・4項）…………… 92
⑩ 相続人以外の特別の寄与（民法1050条）………………………… 98
⑪ 一部分割（民法907条）………………………………………………111
⑫ 遺贈の担保責任（民法998条）………………………………………133
⑬ 遺言の撤回の錯誤（民法1025条）…………………………………139
⑭ 相続による権利の承継に関する改正………………………………143
⑮ 遺言執行者の権限の明確化（民法1007条，1012条，1015条，1016条）…144
⑯ 遺言執行者の権限の明確化（民法1014条2項～4項）………………147
⑰ 遺言執行者がある場合における相続人の処分行為の効果等
（民法1013条）…………………………………………………………149
⑱ 遺留分の算定方法の見直し（民法1044条）………………………154
⑲ 遺留分減殺請求権の効力及び法的性質の見直し（民法1046条）…………158
⑳ 負担付贈与がある場合の遺留分の算定方法の見直し（民法1045条）……159
㉑ 受遺者又は受贈者の負担額（民法1047条）………………………170

（施行情報）

　民法及び家事事件手続法の一部を改正する法律は，原則として公布の日（平成30年7月13日）から起算して1年を超えない範囲内において政令で定める日（平成31年7月1日）から施行されます。ただし，例外があり，主な例外として，自筆証書遺言の方式緩和については，公布の日から起算して6か月を経過した日（平成31年1月13日），配偶者の居住の権利については，上記の公布

日から2年を超えない範囲内において政令で定める日（平成32年4月1日），新法998条（遺贈義務者の引渡義務），1000条の削除，新法1025条ただし書（撤回された遺言の効力）等に関しては，債権法改正の施行の日（平成32年4月1日）から施行されます（巻末資料：民法及び家事事件手続法の一部を改正する法律附則参照）。

　また，「法務局における遺言書の保管等に関する法律」は，公布の日（平成30年7月13日）から起算して，2年を超えない範囲内において政令で定める日（平成32年7月10日）から施行されます（巻末資料：法務局における遺言書の保管等に関する法律附則参照）。

第1章
相続開始からの手続きの流れ

　第1章では，被相続人が死亡した時点で取るべき手続きを概観したうえで，相続手続きに際して，まず取るべき方法（相続人，遺言，遺産等の調査方法）を解説し，遺産を承継する場面（遺言による遺産の承継，遺産分割協議による遺産の承継）と遺産を承継しない（相続を放棄する）場面ごとに，留意すべきポイントと基本的な事項について解説していきます。

　第2章以降では，相続において問題となる具体的な論点を，主に事例，裁判例を用いて，解説していきます。

相続開始から遺産分割までの法律手続きの基本的事項

★ 死亡に伴う手続き ★

死亡届の提出	▶ 死亡後7日以内に市区町村役場へ
火葬，埋葬許可の申請	▶ 死亡届と同時に市区町村役場へ
年金受給権者死亡届	▶ 14日（厚生年金は10日）以内に社会保険事務所へ
遺族年金の受給権請求手続き	▶ 速やかに社会保険事務所へ
銀行など金融機関への死亡届	▶ すみやかに取引口座のある店舗へ（預金の凍結に注意）
公共料金の契約名義変更手続き	▶ すみやかに（電気，ガスなどの事業者への窓口）
健康保険証返却手続き	▶ 市区町村役場又は健保組合へ
生命保険金の請求手続き	▶ 契約している生命保険会社へ速やかに（保険約款等で請求期間が決まっている場合がある）
遺言書の検認手続き	▶ 遺言書の保管者は，相続の開始を知った後，遅滞なく，検認請求
遺留分の減殺請求	▶ 相続の開始及び減殺すべき贈与又は遺贈があったことを知った時から1年以内
相続税の申告	▶ 相続の開始があったことを知った日の翌日から10か月以内
被相続人の所得税の申告	▶ 相続人が相続を知った日の翌日から4か月以内
相続を放棄又は限定承認	▶ 自己のために相続の開始があったことを知った日から3か月以内

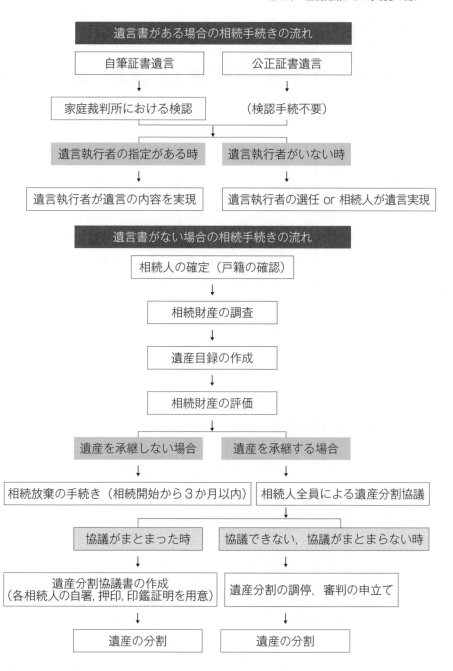

第1

遺産分割にあたっての相続人，遺言，遺産等の調査方法

I はじめに

　依頼者から事件を受任する際に，通常依頼者は，どのような遺産があるのかを把握していないケースも多々あります。また，そもそも相続人が誰であるのか，遺言があるのかないのかもわからないケースすらあります。

　遺産分割をする際の出発点としては，相続人が誰であるのか，遺言があるのか，遺言がないとして遺産分割協議をすることを前提として，どのような遺産があるのかを確認することは，必須の手続きになると考えられます。

　そこで，以下においては，相続人の調査，遺言の有無，遺産の調査方法について，概説いたします。

II 相続人の特定

　被相続人の出生から現在に至るまでの連続した戸籍謄本，改製原戸籍謄本・除籍謄本を取り寄せて，相続人を確定することになります。

　見逃しやすいのが被認知者などですので，注意を要します。

III 遺言の有無の確認

1 公正証書遺言

　遺言検索システムを利用することをお勧めします。

昭和64年1月以降に作成された遺言については，遺言検索制度が適用できます。公証人が遺言公正証書を作成したとき，及び秘密証書遺言の方式に関する取扱いをしたときは，日本公証人連合会本部のコンピューターに登録するもので，遺言者の死亡後に一定の要件のもとに，遺言書の存否と遺言書の内容を相続人等に教示する制度です。なお，東京については昭和56年1月1日以降，大阪については昭和55年1月1日以降作成のものについてもデータがあるので，若干遡って検索が可能とされています。

　そこで，遺言の確認にあたっては，最寄りの公証役場に出向いて，検索システムを利用するなどの方法により遺言公正証書の存否について確認することになり，遺言公正証書が作成されているようであれば，遺言公正証書の原本は作成した公証役場で保管されていますので，当該公証役場にて謄本を受領することになります。

　照会は，遺言者の死後に相続人でなければできませんので，照会にあたっては，①遺言者が亡くなったことがわかる戸籍謄本，②遺言者の相続人に当たることがわかる戸籍謄本，③身分証明書（運転免許証，パスポートなど）が必要です。

2　自筆証書遺言

　自筆証書遺言は，保管は遺言書や近親者がすることが多いです。公正証書遺言の場合のような検索システムがないので，事実上，近親者や遺言者の住所の金庫，銀行の貸金庫などから，洗い出す形になります。

　なお，後述する平成30年相続法改正に伴う，「法務局における遺言書の保管等に関する法律」に基づき，法務局に自筆証書遺言を保管してもらう制度を遺言者が利用していた場合には，誰でも，最寄りの遺言書保管所の遺言書保管官に対して，関係遺言書の保管の有無を照会することができ（遺言書保管法10条参照），システム検索が可能となったため，当該検索システムを利用することにより，該当の自筆証書遺言があれば，遺言書に記載されている作成年月日，遺言書が保管されている遺言書保管所の名称，及び保管番号が記載された書面

の交付を申請することができます。

Ⅳ 相続財産等の調査方法

1 総　論（包括的な調査，把握方法）

（1） 事実上の手続き
① 遺産を管理している相続人に対する開示請求

　遺産を管理している人がいる場合には，管理者に開示を求めることが概括的に遺産の内容を把握する方法になります。もっとも，管理者が相続人などの場合は，一部の財産を隠している可能性もあり得ますし，管理者も知らない財産もありうるので，以下の書類等により，客観的な遺産を把握する必要があります。

② 死亡配偶者等の相続税申告書の確認

　被相続人よりも前に被相続人の配偶者が死亡していた場合などには，被相続人も配偶者から一定の遺産を相続することになりますので，被相続人の財産の洗い出しができます。

③ 被相続人の所得税確定申告書の確認

　被相続人が生前に所得税確定申告をしていた場合には，不動産所得や株式の運用益などについて申告しているケースも多く，遺産を把握する端緒となります。

④ 被相続人の郵便物（金融機関や保険会社との取引報告書，各種請求書，納税通知）の確認

　破産管財人が破産者の郵便物の転送を経て，財産調査をするのと同じように，被相続人の郵便物などからも，遺産を発見する端緒とすることができます。

　株式の配当金の通知書であるとか，不動産の固定資産税の納税通知などは代表的なものになります。

⑤ 貸金庫の開扉

　貸金庫の中には，証券や株券などが入っていることも多く，被相続人が金融機関と貸金庫の契約をしている場合には，貸金庫を開扉することは相続財産を

把握するうえでは必須のものといえます。

（2） 法律上の手続き
① 弁護士会照会制度（弁護士法23条の2）

依頼者から依頼を受けた弁護士が所属する弁護士会に対し，公務所又は公私の団体に照会して必要な報告を求めることのできる制度です。銀行の預金口座の照会や銀行取引や保険の内容の調査などで幅広く利用されています。

② 調査嘱託の申立て（家事事件手続法62条）

家庭裁判所に事件が係属した後に，裁判所を通じて調査嘱託を申し立てる手続きになります。弁護士会照会とは違い，調停等が裁判所に係属した後に利用することができる手続きです。

家庭裁判所は，必要な調査を官庁，公署その他適当と認める者に嘱託し，又は銀行，信託会社，関係人の使用者その他の者に対し関係人の預金，信託財産，収入その他の事項に関して必要な報告を求めることができるとされています。

③ 文書提出命令（家事事件手続法258条1項・同法64条1項準用）

通常の民事訴訟では，一般的な手続きとなっています。家事調停，審判手続きにおいても，必要な資料の提出及び収集のために証拠調べをすることが認められており，証拠調べに関する規定が準用されており，文書提出命令も家事事件においても利用することができます。

2 各　論（代表的な個別財産について調査，把握方法）

（1） 預　　金
① 残高証明書

各相続人が金融機関で発行を受けることができます。

② 銀行の取引履歴の開示

各相続人は，被相続人名義の預金口座について，その取引経過の開示を求める権利を単独で行使することができるとされています（最高裁判決平成21年1月22日・民集63巻1号228頁）。

もっとも，被相続人の死亡直前に解約され，死亡時に口座がなかった場合には，過去の取引履歴を相続人に対して開示する義務を負わないとしている裁判例があるので，この点については注意を要するところです（東京高裁判決平成23年8月3日・金融法務事情1935号118頁）。

(2) 株式・社債等・投資信託
　証券会社等から残高証明を取得する形になります。

(3) 生命保険
　相続人が受取人となっている生命保険は，遺産ではないものの，税務上のみなし相続財産ということで，課税対象となります。そこで，生命保険については，弁護士会照会制度を活用して，生命保険協会に照会すると，生命保険契約の有無がわかります。

(4) 不動産
① 全部事項証明書
　既に不動産が判明している場合には，ブルーマップ等を手掛かりとして，地番を確認して全部事項証明書を取り寄せます。不動産に担保が付いている場合には，共同担保目録付きのものをとることで，被相続人所有の他の不動産を把握することができます。
② 公図，住宅地図
　既に不動産が判明している場合には，当該不動産の公図，住宅地図等により，土地の形状などを確認します。私道部分などが附属不動産となっており，遺産の対象とならないか確認する手続きをとることになります。
③ 名寄帳
　納税義務者が所有する土地・家屋の一覧であり，これにより，被相続人の所有する不動産を把握することができます。各市区町村役場，都税事務所で取り寄せることができます。

第2 相続財産を承継する場合の解決方法

I 遺　　言

1 遺言の種類

　相続で揉める理由は，遺言がないことに起因しているケースが圧倒的に多いです。遺言がある場合には，相続財産について，遺言に基づいて，処理していけばよいので，相続人同士の協議という過程で揉めるリスクが格段に下がります。

　そこで，まずは，相続による争いを事前に予防する観点からは，遺言を書くことをオススメします。遺言の種類は3種類があり，そのメリット・デメリットをまとめると，次のとおりです。

	自筆証書遺言	改正民法968条反映の法務局保管制度を利用した自筆証書遺言	公正証書遺言	秘密証書遺言
筆記の形式	全文自筆	財産目録部分は自筆不要（但し名前自署・押印要）	公証人が作成（原案は提示が必要）。字の書けない人でも可能。	本人（ワープロ，代筆も可能。ただし，名前は自署が必要）が作成し，公証人が本人のものと証明。封印が必要。
遺言無効の危険性	高い（方式，内容不備の危険）	高い（内容不備の危険有・方式の不備の危険は低い）	低い	高い（内容不備の危険）
紛失・改ざん・偽造の危険	高い	低い	低い	高い
遺言内容の秘密	守れる	保管申請に際して開示	公証人と証人には存在と内容ともに判明	存在自体は公証人と証人2名には知られるが，内容の秘密は守られる
家庭裁判所の検認手続	必要	不要	不要	必要

| 費用 | 無償 | 有償(利用手数料) | 有償(公証人手数料等) | 有償(公証人手数料等) |

　弁護士としてお勧めするのは，公正証書遺言です。これは，公証人という中立公正な第三者の前で作成するものですので，後日無効となる可能性は極めて低いものです。証人がいない場合でも，公証役場の方に証人を用意していただくことも可能です。公証人などに内容を知られても，そこまで大きなデメリットはないケースが多いです。

　もっとも，自筆証書遺言もきちんと様式を遵守すれば，有用な遺言です。

　厳格な様式を遵守する必要があるということで，次に雛形を用意しているため，参考にしていただきたいと思います。

　なお，遺言ができるのは，意思能力があり，満15歳以上である必要があるので，その点は注意を要します。

　秘密証書遺言は，あまり実務的ではありません。公証人役場に秘密証書遺言の作成記録が残るため，変造や隠匿の心配がなく，遺言の存在を明らかにできる点やワープロや代筆もできる（署名は自分でしないといけません）などの点はメリットがあります。一方で，秘密証書遺言は，作成手続きが煩雑で費用がかかり，自筆証書遺言と同様に自分で保管するため，紛失，盗難のおそれがあり，また家庭裁判所の検認を受けないといけないデメリットがあります。

　なお，今後は，以下で詳述するように，改正民法968条により，自筆証書遺言の方式が緩和され，法務局における遺言書の保管等に関する法律に基づく自筆証書遺言の保管制度が創設されたため，公正証書遺言と並んで，保管制度を利用した自筆証書遺言の利用が期待されるところです。

(自筆証書遺言のひな形)

遺 言 書

遺言者○○○○は，次のとおり，遺言する。

第1条
　遺言者は下記の財産を妻○○○○（昭和○○年○月○日生）に相続させる。
　1．土地
　　　所在：　　東京都港区芝浦○丁目
　　　地番：　　○番○
　　　地目：　　宅地
　　　地籍：　　80平方メートル
　2．建物
　　　所在：　　東京都港区芝浦○丁目○番○号
　　　家屋番号：○○番○○
　　　種類：　　居宅
　　　構造：　　木造瓦葺2階建
　　　床面積：　1階○平方メートル
　　　　　　　　2階○平方メートル

第2条
　遺言者は下記の遺言者名義の預金債権を長女○○○○（平成○○年○月○日生）に相続させる。
　（1）○○銀行○○支店　普通預金　口座番号　111111
　（2）△△銀行△△支店　普通預金　口座番号　222222

第3条
　遺言者はこの遺言の執行者として下記の者を指定する。
　　（事務所）　東京都中央区銀座○丁目○番○号○ビル○階
　　（職業）　　弁護士
　　（氏名）　　○○○○
　　（生年月日）昭和○○年○月○日

　　　　　　　　　　　　　　　　　　　平成○○年○月○日
　　　　　　　　　　　　　　東京都港区芝浦○丁目○番○号
　　　　　　　　　　　　　　遺言者　○○○○○　印

注意事項
※　遺言書の全文が遺言者の自筆で記述する必要があります。
　　代筆やワープロなどで記載することはできません。
※　日付を記載すること。
※　氏名は自署すること。
※　押印をすること（実印である必要はありません）。
※　訂正をする場合，文字の加入をするときはその部分に直接記入します。

平成30年相続法改正①　自筆証書遺言の方式の緩和（財産目録については自書不要）（改正民法968条）

　自筆証書遺言においては，全文を自筆しなければならないという点については，高齢者等にとっては困難を極める場合がありました。特に，細かい，財産目録も含めて全て自筆しなければならないとなると，その負担は過大なところであり，この点が自筆証書遺言の欠陥とされていました。

　そこで，全部自書が要求されている自筆証書遺言の方式を緩和して，自筆証書と一体のものとして，相続財産の全部又は一部の目録を添付する場合には，その目録については，自書することを要しないという改正がなされました。

　ただし，注意点としては，財産目録として添付する書面については，各ページ（毎葉）に（自書によらない記載がその両面にある場合には，その両面）に署名し，印を押さなければならないとされています。

　なお，自筆証書遺言の方式（全文自書）の緩和方策として考えられる例及び遺言書の改正の方法に関する例については，法務省ウェブサイト（巻末資料参照）に掲載されている例が参考となります。

改正民法968条

```
（自筆証書遺言）
第九百六十八条　自筆証書によって遺言をするには，遺言者が，その全文，日付及び氏名を自書し，これに印を押さなければならない。
2　前項の規定にかかわらず，自筆証書にこれと一体のものとして相続財産（第九百九十七条第一項に規定する場合における同項に規定する権利を含む。）の全部又は一部の目録を添付する場合には，その目録については，自書することを要しない。この場合において，遺言者は，その目録の毎葉（自書によらない記載がその両面にある場合にあっては，その両面）に署名し，印を押さなければならない。
3　自筆証書（前項の目録を含む。）中の加除その他の変更は，遺言者が，その場所を指示し，これを変更した旨を付記して特にこれに署名し，かつ，その変更の場所に印を押さなければ，その効力を生じない。
```

平成30年相続法改正②　自筆証書遺言に係る遺言書の保管制度（法務局における遺言書の保管等に関する法律：巻末資料参照）

　自筆証書遺言作成後に遺言書が紛失し，又は相続人によって隠匿，変造され

るおそれがあることも，自筆証書遺言の欠点とされていました。

そこで，この点についても，「法務局における遺言書の保管等に関する法律」が新たに制定され，法務局に遺言書を保管してもらう制度ができました。

保管制度のメリットとしては，①遺言書が原本と画像情報の二重保管がされるため，紛失，<u>滅失，破棄，隠匿，変造，偽造されるリスクを減らし，安全な保管が期待</u>できるようになりました。また，②保管制度では，法務局の事務官が当該遺言の民法第968条の定める方式への適合性を外形的に確認することとされているため，<u>方式の不備による無効のリスクは減った</u>といえます。もっとも，内容不備のリスクは依然として残っているところで，今後の運用に期待されるところです。また，保管制度は，遺言者本人が出頭しますが，遺言能力は確認の対象とされていないので，この点は，公正証書遺言のほうが信頼性が高いといえます。

そして，保管制度においては，公正証書遺言と同様に，保管に際して，遺言書の存在や内容を保管官に知られることになります。もっとも，保管官も守秘義務があるため，どこまでこの点を気にするかは程度問題かと思われます。その他，保管制度を利用するには，利用手数料がかかりますが，公正証書遺言の作成にかかる費用よりは低く抑えられることが想定されているところです。

遺言書の保管制度は，家庭裁判所による検認手続における機能がカバーされているため，遺言書保管所に保管されている自筆証書遺言書については<u>検認手続を行う必要がない</u>点が大きな特徴として挙げられます。

これらの，改正民法968条，保管制度を利用した自筆証書遺言のメリット，デメリットをまとめたものが9ページの表になります。

なお，自筆証書遺言の保管方法は，以下のとおりです。

① 遺言者が遺言書保管官に対し，法務省令で定める様式に従って作成され，かつ，封のされていない自筆証書遺言書についてのみ，遺言書の保管の申請ができます。

② 遺言者の住所地，本籍地，又は，遺言者が所有する不動産の所在地のいずれかを管轄する遺言書保管所の遺言書保管官に対して，遺言者本人が自

ら出頭して申請する。
③ 保管申請を行うに際しては，以下の事項が記載された申請書を遺言書保管官に提出する。
　　ア　遺言書に記載されている作成の年月日
　　イ　遺言者の氏名，生年月日，住所，本籍（外国人の場合は国籍）
　　ウ　遺言書に受遺者がある場合には，受遺者の氏名及び住所
　　エ　遺言書で遺言執行者を指定している場合には，その者の氏名及び住所
　　オ　その他，法務省令で定める事項
④ 申請を受けた保管官によって遺言者の本人確認をする。
⑤ 遺言者は，遺言書保管官に対して，いつでも遺言書の閲覧請求ができる。
⑥ 遺言書は，遺言者死亡日から政令で定める一定期間経過後まで保管
⑦ 遺言書に関する情報は，磁気ディスク等で管理され，遺言者死亡日から一定期間が経過するまで保管される。
⑧ 遺言者は，いつでも，申請を撤回することができる。
⑨ 遺言者の相続人，遺言書に受遺者として記載がある者，遺言書で遺言執行者に指定された者等を「関係相続人等」といい，関係相続人等は，遺言者が死亡した後は，遺言書保管ファイルに記録されている事項を証明した書面の交付を請求することができる。

　また，削除したうえで変更する場合には，訂正前の内容が読めるように2本線を引き，その付近に訂正文言を記載します。文字の加入の場合も削除の場合も，それぞれの箇所に遺言書に押印している印鑑と同じ印鑑を押印します。さらに，欄外に，「何字加入何字削除」という付記をして署名します。

　改ざん防止のため，訂正にも厳格な基準があるため（民法968条2項），注意を要します。このため，訂正や加入がある場合には，書き直したほうが無難かと思います。

2　遺言についての問題点，留意点

【FAQ1】遺言の検認

　遺言の際に検認が必要という言葉を聞きます。

　検認手続きとは，どういう手続きで，どのような規制がありますか。

遺言書の検認とは，遺言の方式に関する一切の事実を調査して遺言書の状態を確定し，その現状を明確にするためのものであり，後日の紛争に備えて，偽造・変造を防止し，遺言書の原状を保全する手続きとされています。

公正証書遺言は，検認が不要とされていますが，自筆証書遺言や秘密証書遺言は検認手続きが必要とされています。

実務でよく出てくる封印のある自筆証書遺言書の場合には，家庭裁判所で遺言書を開封し，検認手続きを受けることが遺言執行のためには必要になります。

検認手続きを受けると，裁判所では，遺言書の検認済証明の書面を遺言書に添付してくれます。遺言で相続財産を譲り受ける人は，検認済証明の添付された遺言書を銀行等に持ち込めば，銀行の担当者等も返金等の手続きに応じてくれます。

遺言書の検認手続きを経ずに遺言を執行すると，5万円以下の過料の制裁があるので，注意を要します（民法1005条）。

なお，前述のとおり，平成30年相続法改正の法務局における遺言書の保管等に関する法律に基づく自筆証書遺言に係る遺言書の保管制度を利用した場合には，遺言の検認は不要となります。

【FAQ2】封印のある遺言書の開封

　封印のある遺言書を勝手に開けると，どうなりますか。その遺言書の効力は，どうなってしまうのでしょうか。

封印のある遺言書は，家庭裁判所において，相続人又はその代理人の立会いがなければ，開封することができないとされており（民法1004条3項），これに違反して，家庭裁判所外で封印してある遺言書を開封すると，5万円以下の

過料の制裁があります（民法1005条）。

　もっとも，勝手に開封したとしても，その遺言が無効となるわけではありません。

【FAQ3】相続人全員が遺言と異なる遺産分けを希望した場合

　　相続人である私たちは，被相続人の残した遺言の内容に納得ができず，全員が遺言の内容と異なる遺産分けを希望しています。この場合，遺言がある以上は，遺言の内容と異なる遺産分割をすることはできませんか。

　相続人全員が変更に合意すれば，遺言と異なる相続分とすることも可能といわれています。ただし，遺言に遺言執行者が指定されている場合には，遺産分割協議どおりというわけにはいかず，遺言執行者が遺産分割を追認してくれればよいですが，追認してくれないような場合には，遺言執行者の指示に従って，遺言の内容のとおりに遺産分割をやり直すことになります。

　一般的にも，遺言書で，相続人以外の第三者への遺贈などが含まれている場合には，遺言執行者としては，追認はできず，遺産分割をやり直さないといけないケースが多いかと思われます。

【FAQ4】遺言執行者

　　遺言を作成するにあたって，遺言執行者は，必ず選任しておかねばなりませんか。

　必ず，遺言執行者を選任しなければならないわけではありませんが，遺言執行者がいない場合には，相続人全員の実印，印鑑証明書等が必要となり，その都度，手続きが煩雑化することになります。相続人間では，利害対立が生じやすく，争いが顕在化することも多いため，相続人のうちの一人を遺言執行者とするのではなく，迅速かつ円滑な遺言実現の観点から弁護士等の専門家を遺言執行者として選任しておいたほうがよいケースが多いです。

　また，自分が亡くなった時点で，遺言執行者が亡くなっていた場合には，遺言執行者がいなくなってしまうので，比較的若い弁護士等を選任するのがよいと

思います。また，遺言執行者は，未成年者や破産者でなければよいとされているため（民法1009条），法人を遺言執行者とすることも可能です。

II 遺産分割協議

1 はじめに

　遺言がない場合においては，相続人全員で遺産をどのように分割するか協議して，遺産分割協議書を作成して，遺産を分けることになります。

　遺産分割協議書を作成するにあたっては，次の点に注意する必要があります。

　まず，①相続人が漏れなく協議に参加して，遺産分割協議書の当事者として記載する必要があります。このため，亡くなった人の出生時から死亡時までの戸籍謄本，除籍謄本，改製原戸籍謄本を取り寄せて，相続人を確認する必要があります。②遺産分割の対象として，亡くなった被相続人の遺産であるのかに注意する必要があります。③遺産の特定をしっかりとして，誰がどの財産を取得するのかについて，明確に記載する必要があります。④実印で押印し，印鑑証明書を用意する必要があります。⑤債務の負担についても，誰が債権者に払うのかという合意はできますが，債権者には，相続人内部の合意には，拘束されないことに注意が必要です。

　一般的な文例は，次のとおりです。

(遺産分割協議書のひな形)

遺産分割協議書

被相続人　〇〇〇〇
生年月日　昭和〇年〇月〇日
本　　籍　東京都港区芝浦〇丁目〇番地

　平成〇年〇月〇日上記被相続人〇〇〇〇の死亡により開始した相続における共同相続人全員は，民法９０８条に基づく遺言による分割の指定及び禁止のないことを確認したうえで，被相続人の遺産を協議により下記のとおり分割する。
１．次の不動産は相続人〇〇〇が相続する。
　所　　在　　東京都港区芝浦〇丁目
　地　　番　　〇番〇
　地　　目　　宅　地
　地　　積　　〇〇・〇〇㎡
　所　　在　　東京都港区芝浦〇丁目　〇番地〇
　家屋番号　　〇番〇
　種　　類　　居　宅
　構　　造　　木造スレート葺２階建
　床 面 積　　１階　〇〇・〇〇㎡
　　　　　　　２階　〇〇・〇〇㎡

２．次の預貯金は▲▲▲が相続する。
〇〇銀行　京橋支店　普通預金　口座番号　１１１１１１１
〇〇銀行　京橋支店　定期預金　口座番号　２２２２２２２
ゆうちょ銀行　通常貯金　記号　〇〇　　番号　〇〇〇〇〇〇

３．本協議書に記載する以外の一切の遺産については，■■■が相続する。

上記のとおりの協議が成立したので，この協議の成立を証明するために相続人ごとに本協議書を作成する。
　　　　　　　　　　　　　　　　　　　平成〇〇年〇〇月〇〇日
東京都港区芝浦〇丁目〇番〇号
〇〇〇　　　（実印）
東京都中央区銀座〇丁目〇番〇号
▲▲▲　　　（実印）
千葉県松戸市〇町〇丁目〇番〇号
■■■　　　（実印）

注意事項
※　２ページ以上にわたる場合には，契印をしましょう。
※　印鑑は実印で行うことが必要です。印鑑証明書も準備しましょう。

2 遺産分割協議の際に注意すべき問題点及び留意点

【FAQ5】遺産分割協議書に関与する当事者

　遺産分割協議書は，誰が作るのですか。遺産分割協議書の作成にあたって，相続人が漏れた場合には，どうなりますか。

相続人全員が作ることになります。

相続人が漏れた場合には，次の場合によって効力が異なることになります。

① 戸籍上相続人であることが分割協議当時判明していた場合

　相続人の一部を除外されたときの遺産分割協議については，無効となります。

② 分割協議後に相続人であることが判明した場合

　失踪宣告などにより死亡したとみなされた者が生きており，失踪宣告が取り消された場合には，分割協議自体は有効とされます。もっとも，失踪宣告の取り消しを受けた者は，他の相続人に対し，現に利益を受けている限度で，その返還を求めることができることになります（民法32条2項）。

③ 相続開始後の被認知者を除外した場合

　相続開始後，認知によって相続人となった者が遺産分割の無効を主張したり，分割のやり直しを求めることはできず，価格のみによる支払請求権を有することになります（民法910条）。

【FAQ6】遺産分割協議にあたり判断能力のない相続人がいた場合

　相続人に寝たきりで認知症の人がいます。このように相続人の中に判断能力がない人がいた場合には，どうしたらよいですか。

　判断能力がない相続人について，成年後見の申立てをして，成年後見人が遺産分割協議に参加する形で対応することになります。

【FAQ7】遺産分割協議にあたり未成年の相続人がいた場合

　相続人の中に10歳の未成年者がいます。この未成年者をそのまま遺産分

割協議に関与させてもよいですか。

　この未成年者の法定代理人が協議書に印鑑を押すことになります。

　ただし，親権者と未成年者とが共に共同相続人であり，利益相反する場合には，親権者は子である未成年者のために特別代理人の選任を要します（民法826条）。

【FAQ8】遺産分割協議にあたり相続人の一部が行方不明の場合

　これから，遺産分割協議をしようと思い，戸籍等から相続人を割り出したのですが，相続人の一人が行方不明で，全員で遺産分割協議ができません。どのようにしたらよいでしょうか。

　相続人のうち，所在が不明の者がいる場合には，家庭裁判所に不在者財産管理人（民法25条）の選任申立てをして，共同相続人以外の人で，遺産に利害関係を持たない人を選任してもらい，選ばれた不在者財産管理人が遺産分割協議をすることになります。

　一方で，相続人のうち，生死不明の者がいる場合には，失踪宣告の申立てをすることで，裁判所より失踪宣告を受けることにより，当該生死不明の相続人を除いた相続人で遺産分割協議を進めることができるようになります。

　もっとも，失踪宣告は，家庭裁判所が「不在者（相続人）捜索の公告」を官報などに掲載し，通常は申立てをしてから失踪宣告されるまでに1年はかかるので，時間がかかってしまうことには留意する必要があります。

【FAQ9】遺産分割協議書作成後に新たな遺産が発見された場合

　遺産分割協議がまとまって協議書を作成してからしばらく経った後に，被相続人の遺産が新たに見つかった場合は，どうすればよいですか。

　基本的には，相続人が再度集まって新たに発見された遺産について分割協議を行うことが多いです。もっとも，分割協議の目的とした遺産と新たに発見された遺産とを区別し，両者を分離して処理することについての当事者の合意が不十分であれば，協議は無効であるとする裁判例（高松高裁判決昭和48年11

月7日）もあるので，注意を要します。

【FAQ10】遺産分割協議に被相続人の遺産でないものを入れてしまった場合

遺産分割協議にあたって，被相続人の遺産ではない財産を入れてしまったのですが，この場合には，全体の遺産分割協議をやり直さないといけないですか。

非遺産であると認定された財産の限度において，効力を失うとされています。

民法911条の担保責任の問題として処理され，遺産でないものを取得した相続人に非遺産を理由に損失が生じればこれを填補します。

【FAQ11】遺産分割協議の取消

遺産分割協議にあたって，他の相続人から脅されて，協議書に印鑑を押してしまいました。遺産分割協議を取り消すことはできますか。

遺産分割協議の過程で，詐欺，脅迫を受けた場合には，民法上の詐欺，脅迫による意思表示の取消規定により，分割協議を取り消すことができます（民法96条1項）。

【FAQ12】遺産分割協議書の債務不履行解除

遺産分割協議で，決まった内容を相続人が履行しない場合は，債務不履行解除（民法541条）をすることはできますか。

最高裁判決平成元年2月9日・民集43巻2号1頁において否定されています。

遺産分割は，その性質上，協議が成立することによって終了し，その後は遺産分割協議で決められた債務を負担した相続人とその債権を取得した相続人との間に債権債務関係が残ると考えなければ，民法909条本文によって遡及効を有する遺産分割を再度やり直さなければならず，法的安定性が著しく害されることになるからと判示されています。

【ＦＡＱ１３】遺産分割の対象となる財産とならない財産

遺産分割の対象とするまでもなく，相続人に分割されてしまったり，そもそも，相続財産とされないものがあると聞きますが，どのようなものがありますか。

相続が開始すると，被相続人の相続財産は，相続人に全て承継されることになっています（民法896条）。次のようなものは，基本的に遺産分割の対象となる相続財産に入らないので，注意を要します。

1　被相続人の一審専属権

代理権，使用貸借における借主の地位，雇用契約上の地位，組合員の地位，扶養請求権，財産分与請求権，保護受給権

→　なお，調停などが成立し，具体的に扶養請求権（扶養義務）の内容が確定し，かつ，履行期に達した場合には，当該扶養請求権に基づく金銭の支払請求権は，一般の金銭債権と何ら代わるところはないので，相続の対象となります（東京高裁判決平成20年6月25日）。

2　祭祀財産

・家系図などの系譜
・位牌，仏壇などの祭祀，礼拝に用いられるもの
・墓石や墓碑などの墳墓

→　祖先の祭祀主宰者に帰属します（民法897条）。

祭祀の主宰者は，被相続人の指定・慣習・家庭裁判所の審判の順で決定されます。

3　遺　　骨

慣習上の祭祀主宰者に帰属するとされています（最高裁判決平成元年7月18日・家月41巻10号128頁）

希望者が複数いる場合には，分骨について協議されることもあります。

4　香　　典

死者への弔意，遺族のなぐさめなど，祭祀主宰者や遺族への贈与と解されており，相続財産には含まれません。

5　葬儀費用

相続開始後に生じる債務であるから，遺産分割に際して考慮されません。

もっとも，当事者全員の合意により，遺産分割の際に考慮することも多々あります。

6　遺産管理費用

相続開始後に生じた債務分担の問題であるため，遺産とは別個の性質のものです。しかし，管理費用を遺産分割の中で清算する旨の合意があれば，遺産管理費用を遺産分割協議の際に考慮することはできます。

7　被相続人の死亡によって，相続人に固有に発生する権利

（1）　生命保険金請求権

保険受取人として，相続人たるべき個人が指定されている場合には，保険契約の効力発生と同時に相続人の固有財産となるため，相続財産とは解されないとされています（最高裁判決昭和40年2月2日・民集19巻1号1頁）。保険契約者，被保険者，保険金受取人の関係によって，相続財産となりうることもあります。たとえば，被相続人たる保険契約者が保険金受取人の地位を兼ねている場合などは，被相続人自身に保険金請求債権が帰属しますので，保険金請求債権は相続財産となります。

なお，付随論点として，死亡保険金受取人欄に単純に法定相続人ないし相続人との記載がある場合に，保険金について，相続人が「均等割合」で保険金を分割取得するのか，「相続割合」で分割取得するのが問題となります。

この点，最高裁判決平成6年7月18日（民集48巻5号1233頁）は，保険契約において，保険契約者が死亡保険金の受取人を単に被保険者の「相続人」と指定した場合は，結論として，特段の事情のない限り，相続割合によるべきであるとしています。この判例は，「保険金受取人を単に「相続人」と指定する趣旨は，保険事故発生時までに被保険者の相続人となるべき者に変動が生ずる場合にも，保険金受取人の変更手続をすることなく，保険事故発生時において相続人である者を保険金受取人と定めることにあるとともに，右指定には相続人に対してその相続分の割合により保険金を取得させる趣旨も含まれている

ものと解するのが，保険契約者の通常の意思に合致し，かつ，合理的であると考えられる」という点を理由としています。

もっとも，例外的に，保険金受取人として指定された者が死亡した後，保険契約者が保険金受取人を再指定しないまま死亡した死亡生命保険金の各保険金受取人の権利の割合は，民法427条の規定の適用により均等割合によるとした判例（最高裁判決平成5年9月7日・民集47巻7号4740頁）があるので，注意を要します。

(2) 死亡退職金

死亡退職金の法的性質として，賃金の後払い的な性質を強調すれば，遺産性を肯定する方向へ働き，遺族への生活保障という点を強調すれば，遺産性を否定する方向へ傾きます。

実務的には，死亡退職金に支給規定があるか否かで場合分けをし，規定がある場合には，支給基準，受給権者の範囲又は順位などの規定により遺産性を検討し，規定がない場合には，従前の支給慣行や支給経緯等を総合勘案して，個別的に遺産性を検討することとなります。

遺族を受給権者としているケースが多く，国家公務員，地方公務員の死亡退職金，私立の学校法人の職員の死亡退職手当などについては，相続財産であることは否定されています。

8 債　　務

(1) 金銭債務等の可分債務

金銭債務等の可分債務は，相続開始と同時に共同相続人の相続分に応じた割合で当然に分割承継されます。可分債務が連帯債務であったときは，各共同相続人が相続分に応じて承継し，承継した範囲で本来の債務者とともに連帯債務者となると解されています（最高裁判決昭和34年6月19日・民集13巻6号757頁）。

このように，債務については，当然の分割承継のため，遺産分割の対象財産ではありませんが，遺産分割の当事者に合意があれば，債務の承継について遺産分割協議や調停で定めることも可能です。もっとも，債権者の合意がない限

り，債権者には対抗できないとされていることに注意を要します。

　なお，遺言で，一人の相続人に全債務を相続させるという相続分の指定がなされている時でも，相続債権者が当該指定相続分の割合による債務の承継を承認しない限り，あくまでも法定相続分の割合による権利行使をすることができます（最高裁判決平成 21 年 3 月 24 日・民集 63 巻 3 号 427 頁）。

★　最高裁判決平成 21 年 3 月 24 日・民集 63 巻 3 号 427 頁

　「相続人のうちの 1 人に対して財産全部を相続させる旨の遺言により相続分の全部が当該相続人に指定された場合，遺言の趣旨等から相続債務については当該相続人にすべてを相続させる意思のないことが明らかであるなどの特段の事情のない限り，当該相続人に相続債務もすべて相続させる旨の意思が表示されたものと解すべきであり，これにより，相続人間においては，当該相続人が指定相続分の割合に応じて相続債務をすべて承継することになると解するのが相当である。もっとも，上記遺言による相続債務についての相続分の指定は，相続債務の債権者（以下「相続債権者」という。）の関与なくされたものであるから，相続債権者に対してはその効力が及ばないものと解するのが相当であり，各相続人は，相続債権者から法定相続分に従った相続債務の履行を求められたときには，これに応じなければならず，指定相続分に応じて相続債務を承継したことを主張することはできないが，相続債権者の方から相続債務についての相続分の指定の効力を承認し，各相続人に対し，指定相続分に応じた相続債務の履行を請求することは妨げられないというべきである。」

平成 30 年相続法改正③　相続債務の承継の明文化（民法 902 条の 2）

　最高裁判決平成 21 年 3 月 24 日は，上記のとおり，「遺言による相続債務についての相続分の指定は，相続債務の債権者の関与なくされたものであるから，相続債権者に対してはその効力が及ばないものと解するのが相当であり，各相続人は，相続債務の履行を求められたときには，これに応じなければならず，指定相続分に応じて相続債務を承継したことを主張することはできないが，相続債権者の方か

ら相続債務についての相続分の指定の効力を承認し，各相続人に対し，指定相続分に応じた相続債務の履行を請求することは妨げられないというべきである。」と判示しており，この判例の考え方を明文化したものです。

相続債権者は，相続分の指定がなされている場合であっても，当該指定相続分の割合による債務の承継を承認しない限り，法定相続分の割合による権利行使をすることができます。

改正民法902条の2

> （相続分の指定がある場合の債権者の権利の行使）
> 第九百二条の二　被相続人が相続開始の時において有した債務の債権者は，前条の規定による相続分の指定がされた場合であっても，各共同相続人に対し，第九百条及び第九百一条の規定により算定した相続分に応じてその権利を行使することができる。ただし，その債権者が共同相続人の一人に対してその指定された相続分に応じた債務の承継を承認したときは，この限りでない。

（2）保証債務

連帯保証債務などの通常の保証については，判例等でも相続性を肯定していますが，次の特殊な保証債務については，人的信用性や責任の広汎性などを理由に相続性を否定しています。

① 身元保証については，判例は相続性を否定しています（大審院判例昭和18年9月10日・大審院民集22巻948号）。

② 根保証，継続的な取引から生じる債務を包括的に保証する保証債務（信用保証）については，その責任の及ぶ範囲が極めて広範となり，当事者の人的信用関係を基礎とするものであるから，相続人が承継負担するものではないとされています（最高裁判決昭和37年11月9日・民集16巻11号2270頁）。

9　遺産収益

遺産収益として典型的なものとしては，遺産分割前の遺産の不動産の賃料などです。この点については，遺産共有の状態にある不動産から生ずる金銭債権たる賃料債権は，当該不動産を共有する相続人がその相続分に応じて分割単独債権として取得し，遺産分割の遡及効によってその効果が覆るものではないと

されています（最高裁判決平成17年9月8日・民集59巻7号1931頁）。

10 代償財産

　相続開始時に存在していた財産が遺産分割前に処分したり，売却するなどした結果，売買代金が発生したり，損害賠償請求権が発生したりした場合に，これらの売買代金債権や損害賠償債権などについては，相続財産とはなりません。

　最高裁の事例でも，相続人が全員の合意によって遺産分割前に遺産を構成する不動産を第三者に売却した時は，その不動産は遺産分割の対象から逸出し，各相続人は第三者に対し，持分に応じた代金債権を取得し，これを個々に請求することができると判示されています（最高裁判決昭和52年9月19日・家月30巻2号110頁）。

平成30年相続法改正④　遺産の分割前に遺産に属する財産が処分された場合の範囲（民法906条の2）

　制度趣旨としては，処分された遺産について，処分者以外の共同相続人全員の同意がある場合に，遺産分割時に遺産があったものと看做す制度になります。

　上記の最高裁判決昭和52年判決のように，遺産分割前に遺産に属する財産が処分されてしまった場合には，代償財産は，相続財産となりません。しかし，このような場合には，事案によって，処分をした者の最終的な取得額が処分が行われなかった場合と比較して，大きくなるケースがあり，不公平感があったため，共同相続人全員の同意がある場合には，当該処分された財産が遺産の分割時に遺産として存在するものと看做すことができるとした法改正です。なお，当該同意については，処分をした共同相続人については，同意を得る必要はないとされています。

改正民法906条の2

> 第九百二条の二　遺産の分割前に遺産に属する財産が処分された場合であっても，共同相続人は，その全員の同意により，当該処分された財産が遺産の分割時に遺産として存在するものとみなすことができる。
> 2　前項の規定にかかわらず，共同相続人の一人又は数人により同項の財産が処分されたときは，当該共同相続人については，同項の同意を得ることを要しない。

★ 参 考 ★ 従前は遺産分割の対象とされていなかった扱いが変更されたもの：(預金債権等)

　普通預金債権，通常貯金債権及び定期貯金債権については，従前から扱いが変更されたため，注意を要します。

　従前，預貯金等の金銭債権は可分債権であり，相続開始と同時に当然に相続分に応じて分割されて各相続人に帰属するので，遺産分割の対象とならないと解されてきました（最高裁判決平成16年4月20日・裁判集民214号13頁）。このように，預金債権については，当然分割になるので，調停実務においても，当事者の合意がない限りは，遺産分割の対象とされてきませんでした。

　しかしながら，金融機関は，預金の払い戻しについては，相続人全員の署名押印のある遺産分割協議書や相続人代表者宛の相続人全員の払戻同意書と各自の印鑑証明等がない限り，払い戻しに応じない運用がされており，判例と金融実務との間で乖離が生じていました。

　そうした状況の中で，画期的な決定といわれる平成28年12月19日最高裁大法廷決定（民集70巻8号2121頁）が出されました。

　この最高裁決定は，「共同相続された普通預金債権，通常貯金債権及び定期貯金債権は，いずれも，相続開始と同時に相続分に応じて分割されることなく，遺産分割の対象となるものと解するのが相当である」旨判示し，従前の最高裁の判断（最高裁判決平成16年4月20日・裁判集民214号13頁）を改めました。

　したがって，今後の遺産分割実務においては，普通預金債権，通常貯金債権，定期貯金債権については，遺産分割の対象となると解されます（なお，従前においても，平成19年10月1日より前に預けられた定額郵便貯金は，旧郵便貯金法により分割払い戻しができないこととされていることから，遺産分割の対象となるものとされていました（最高裁判決平成22年10月8日・民集64巻7号1719頁））。

(平成28年12月19日の最高裁大法廷決定の射程)

　平成28年最高裁決定において，普通預金債権が相続分に応じて当然に分割されるものではないとの判断をする際の検討要素として，①金銭との同質性があるか，②金額が変動するか（一個の債権として同一性を保持しながら常にその残高が変動し得る），③金銭の返還だけではなく，多数の委任事務が付随しているか否か等が挙げられています。

　なお，定期貯金債権については，契約の本質的要素として分割払戻しが制限されるという性質から結論を導いています。

　そこで，以下において，平成28年の最高裁決定の射程が及ぶか否かについて，議論となっている財産を挙げます。

★ 定期預金債権・定期積金債権

　平成28年の最高裁決定では，これについては明示的に述べておりませんでしたが，定期預金債権・定期積金債権についても，定期貯金債権と区別をする理由はないため，平成28年の最高裁判決の射程の範囲内にあり，遺産分割の対象となります。

　実際に，平成29年4月6日の最高裁判決（家庭の法と裁判11号66頁）が出され，以下のとおり，平成28年12月19日の最高裁決定を踏襲しました。「定期預金については，預け入れ一口ごとに一個の預金契約が成立し，預金者は解約をしない限り払い戻しをすることができないのであり，契約上その分割払戻しが制限されているものといえる。そして，定期預金の利率が普通預金のそれよりも高いことは公知の事実であるところ，上記の制限は，一定期間内には払戻ししないという条件とともに定期預金の利率が高いことの前提となっており，単なる特約ではなく定期預金契約の要素というべきである。他方，仮に定期預金債権が相続により分割されると解したとしても，同債権には上記の制限がある以上，共同相続人は共同して払戻しを求めざるを得ず，単独でこれを行使する余地はないのであるから，そのように解する意義は乏しい。この理は，積金者が解約をしない限り給付金の支払を受けることができない定期積金についても異ならないと解される。

したがって、共同相続された定期預金債権及び定期積金債権は、いずれも相続開始と同時に当然に相続分に応じて分割されることはないものというべきである。」

★ 上記以外の預貯金（定額貯金、当座預金、別段預金等）

平成28年の最高裁決定の射程内に入るものと考えられます。

★ 損害賠償債権・不当利得返還請求債権・報酬請求債権などのその他の金銭債権

平成28年の最高裁決定は、預貯金の性質を個別に考慮して判断したものであり、「可分債権」が相続開始と同時に法律上当然分割される旨を判示した昭和29年4月8日の最高裁判決（民集8巻4号819頁）を変更したものではないうえ、上記平成28年の最高裁決定のいうような多数の委任事務が付随するなどの事情がないため、平成28年最高裁決定の射程になく、可分債権ゆえに相続開始と同時に当然に相続分に応じて分割されるという扱いになりうるものと考えられます。

※ 補　　　　足

上記平成28年12月19日の決定には重要な鬼丸かおる裁判官の補足意見があり、次のとおり判示しています。

「私は、多数意見に賛同するものであるが、普通預金債権及び通常貯金債権の遺産分割における取扱いに関して、以下のとおり私見を付したい。

1　遺産分割とは、被相続人の死亡により共同相続人の遺産共有に属することとなった個々の相続財産について、その共有関係を解消し、各共同相続人の単独所有または民法第2編第3章第3節の共有関係にすることであるから、遺産分割の対象となる財産は、相続開始時に存在し、かつ、分割時にも存在する未分割の相続財産であると解される。そして、多数意見が述べるとおり、普通預金債権及び通常貯金債権は相続開始と同時に当然に分割される債権ではないから、相続人が数人ある場合、共同相続人は、被相続人の上記各債権を相続開始時の残高につき準共有し、これは遺産分割の対象となる。一方、**相続開始後に被相続人名義の預貯金口座に入金が行**

われ，その残高が増加した分については，相続を直接の原因として共同相続人が権利を取得するとはいえず，これが遺産分割の対象となるか否かは必ずしも明らかでなかった。

　しかし，多数意見が述べるとおり，上記各債権は，口座において管理されており，預貯金契約上の地位を準共有する共同相続人が全員で預貯金契約を解約しない限り，同一性を保持しながら常にその残高が変動し得るものとして存在するのであるから，相続開始後に被相続人名義の預貯金口座に入金が行われた場合，上記契約の性質上，共同相続人は，入金額が合算された1個の預貯金債権を準共有することになるものと解される。

　そうすると，被相続人名義の預貯金債権について，相続開始時の残高相当額部分は遺産分割の対象となるがその余の部分は遺産分割の対象とならないと解することはできず，その全体が遺産分割の対象となるものと解するのが相当である。多数意見はこの点について明示しないものの，多数意見が述べる普通預金債権及び通常貯金債権の法的性質からすると，以上のように解するのが相当であると考える。

2　以上のように解すると，①相続開始後に相続財産から生じた果実，②相続開始時に相続財産に属していた個々の財産が相続開始後に処分等により相続財産から逸出し，その対価等として共同相続人が取得したいわゆる代償財産（例えば，建物の焼失による保険金，土地の売買代金等），③相続開始と同時に当然に分割された可分債権の弁済金等が被相続人名義の預貯金口座に入金された場合も，これらの入金額が合算された預貯金債権が遺産分割の対象となる（このことは，果実，代償財産，可分債権がいずれも遺産分割の対象とならないと解されることと矛盾するものではない。）。この場合，相続開始後に残高が増加した分については相続開始時に預貯金債権として存在したものではないところ，具体的相続分は相続開始時の相続財産の価額を基準として算定されるものであることから（民法903条，904条の2），具体的相続分の算定の基礎となる相続財産の価額をどう捉えるかが問題となろう。この点については，相続開始時の預貯金債権の残

高を具体的相続分の算定の基礎とすることが考えられる一方，上記②，③の場合，当該入金額に相当する財産は相続開始時にも別の形で存在していたものであり，相続財産である不動産の価額が相続開始後に上昇した場合等とは異なるから，当該入金額に相当する相続開始時に存在した財産の価額を具体的相続分の算定の基礎に加えることなども考え得るであろう。もっとも，具体的相続分は遺産分割手続における分配の前提となるべき計算上の価額またはその価額の遺産の総額に対する割合を意味するのであるから（最高裁平成11年(受)第110号同12年2月24日第一小法廷判決・民集54巻2号523頁参照），早期にこれを確定することが手続上望ましいところ，後者の考え方を採る場合，相続開始後の預貯金残高の変動に応じて具体的相続分も変動し得ることとなり，事案によっては具体的相続分の確定が遅れかねないなどの遺産分割手続上の問題が残される。従来から家庭裁判所の実務において，上記①〜③の財産も，共同相続人全員の合意があれば具体的相続分の算定の基礎ないし遺産分割の対象としてきたとみられるところであり，この問題については，共同相続人間の実質的公平を図るという見地から，従来の実務の取扱いとの均衡等も考慮に入れて，今後検討が行われることが望まれよう。」

したがって，相続開始後に，遺産収益（被相続人死亡後の被相続人の不動産の賃料等），代償財産，可分債権が預金口座に入金された場合には，預金口座に入金された限度で遺産分割の対象となるという点に留意が必要と考えられます。

Ⅲ 調 停

遺産分割協議がまとまらない場合には，相続人の相手方の住所地又は当事者が合意で定める家庭裁判所に調停を申し立てることになります。調停では，調停委員が間に入って利害調整をしていくことになりますが，この時点でも法律的な考え方はよく知っておく必要があります。いろいろと法律的な問題と関係

のない感情的な争いが持ち上がることがありますが，基本的には，誰が（相続人の範囲），何を（遺産の範囲），いくらで（遺産の評価），どのような割合で（法定相続分，特別受益，寄与分などで修正した具体的相続分），どう分けるか（遺産分割の方法）を基準に手続きを進めます。また，当事者の合意がなければ遺産分割調停では決められない事項（使途不明金の問題，葬儀費用など）については，遺産分割調停ではなく，民事訴訟での解決を目指すことになります。

Ⅳ 審　　判

　調停で当事者の合意が得られない場合には，家庭裁判所において，裁判所が客観的で妥当な分割割合を決すべく審判手続きへ移行します。調停は合意によって決されるという点で比較的柔軟な解決ができますが，審判では，分割の方法も最終的に裁判官の手に委ねられるので，紛争の実情に即した分割方法とならないケースもあります。

　ここでは，裁判所が客観的な分割割合を決するための基礎となる資料として，法律的な主張は全て出し切る必要があります。裁判所からも，前提となる争いのない事実を確認されたり，補充的に資料の提出をお願いされることもあります。

Ⅴ　その他民事訴訟による解決

　また，遺産分割協議をするうえでの前提問題として，遺言書の効力が問題となる場合や，遺産が相続財産かどうかが問題となるような場合にも，先行して，調停審判ではなく，民事訴訟により，前提問題を解決する必要があります。

　また，既にご紹介したとおり，葬儀費用，遺産管理費用などは，厳密には相続開始後に生じる費用であり，遺産とは別個の性格があることや，被相続人の預貯金を一部の相続人が引き出した場合の使途不明金などについては，調停で合意の対象とできなかった場合には，最終的には地方裁判所へ民事訴訟（不当利得返還請求訴訟，不法行為による損害賠償請求訴訟）を提起する必要があり

ます。

　以上，Ⅲ，Ⅳ，Ⅴの調停・審判・民事訴訟の手続きの点について，判例タイムズ1418号の「東京家庭裁判所・家事第5部における遺産分割事件の運用」の記事がわかりやすくまとまっていますので，参照していただければと思います。

Ⅵ 小　　括

　上記のとおり，相続財産を承継するための手続きとして，Ⅲ調停，Ⅳ審判，Ⅴ民事訴訟は，裁判所を利用するという点で，一般の読者の方は身構えてしまうところも多く，弁護士を立てて対応しなければ埒が明かないことも多いため，馴染みが薄い手続きであると思います。

　実際に，調停を申し立てる際には，家庭裁判所のホームページなどからもダウンロードできる申立書を利用すればよいですが，添付書類として，相続人を確認するために戸籍謄本や除籍謄本などを集める作業が必要となったり，印紙，郵券などの申立費用がかかってしまうとともに，弁護士を利用する場合には，弁護士費用がかかります（弁護士費用の算定方法としては，相続分に応じて，その争いの有無も考慮に入れて決定されることになります）。そして，解決期間については，主張が尖鋭に対立している事件などは，1年や2年とかかってしまうケースも多く，事前の相続争いの防止策をとっておくことが，いかに大切かがわかるところです。

第3

相続財産移転のための関連諸手続き

I 預貯金

　銀行は，相続が発生したことを知らされた場合，預金を凍結し，相続人全員の同意書等がないと引き出しに応じてくれません。

　遺言がある場合には，遺言書（自筆証書遺言であれば，検認済みのもの），遺言がない場合には，遺産分割協議書，印鑑証明書，被相続人の除籍謄本，相続人の戸籍謄本をもって，相続人が名義変更の手続きをとったり，解約に伴う払い戻しなどを経ることになります。

　なお，被相続人が亡くなった後に，相続財産を迂闊に引き出し，費消してしまった場合には，後述のとおり，単純承認とみなされて，相続放棄ができなくなることがありますので，注意を要します。

【FAQ14】遺産分割協議前の預金の引き出し

　　遺産分割前なのですが，債権者からの借金の金利が高く，被相続人の債務の弁済をする必要性が高く，また，被相続人から扶養を受けていた共同相続人の当面の生活費がどうしても必要である場合には，遺産分割前でも何とか，預貯金を払い戻すことはできませんか。

　遺産の分割の審判事件を本案とする保全処分として，特定の共同相続人の窮迫の危険を防止するために，相続財産中の特定の預貯金債権を当該共同相続人に仮に取得させる仮処分（仮分割の仮処分・家事事件手続法200条2項）等を活用することが考えられ，これにより，共同相続人間の実質的公平を確保しつつ，個別的な権利行使の必要に対応することができるとされています（最高裁

決定 28 年 12 月 19 日・金融法務事情 2058 号 6 頁)。

　もっとも，平成 28 年 12 月 19 日の最高裁決定を受けて，預金が遺産分割協議がまとまるまで利用できなくなることになり，葬儀費用や生活費などの預金の引き出しを柔軟にする必要性が高まり，家事事件手続法第 200 条 2 項に加えて，預金をより引き出しやすくする制度改正がありましたので，この点について，以下で詳述します。

平成30年相続法改正⑤　遺産分割協議前の預金の引き出し（１）遺産分割協議前の仮分割の仮処分（家事事件手続法 200 条 3 項新設）

　平成 28 年 12 月 19 日の最高裁決定により，預貯金債権が遺産分割の対象に含まれるとの判断が示され，葬儀費用や生活費などの緊急の必要性がある場合の遺産分割協議前の預金の引き出しについては，上記のとおり，家事事件手続法 200 条 2 項を適用させることでの解決が考えられました。

　しかしながら，同手続は，共同相続人の「急迫の危険を防止」する必要がある場合に，仮処分ができるとしており，その文言上，厳格な要件となっています。そこで，同最高裁決定を受けて，より柔軟に遺産分割前に預貯金債権の仮分割ができるような規定を家事事件手続法 200 条 3 項にて定めました。

　同法 200 条 3 項では，同法第 200 条 2 項の手段のほかに，「家庭裁判所は，遺産の分割の審判又は調停の申立てがあった場合において，相続財産に属する債務の弁済，相続人の生活費の支弁その他の事情により遺産に属する預貯金債権（民法第 466 条の 5 第 1 項に規定する預貯金をいう。以下この項において同じ。）を当該申立てをした者又は相手方が行使する必要があると認めるときは，その申立てにより，遺産に属する特定の預貯金債権の全部又は一部をその者に仮に取得させることができる。ただし，他の共同相続人の利益を害するときは，この限りでない。」と定められています。

　要するに，引き出しのための要件を「急迫の危険を防止」するためだけではなく，「相続財産に属する債務の弁済，相続人の生活費の支弁その他の事情により遺産に属する預貯金を使用する必要があると認めるとき」という形で緩和

したものです。

　もっとも，当該制度も遺産分割の調停又は審判の本案が家庭裁判所に係属していることを要するので，迅速性が求められる場合には，不適切です。
　そこで，共同相続人が，家庭裁判所の判断を経ることなく，預貯金債権を直接行使することができる制度が，民法909条の2において新設されました。

平成30年相続法改正⑥　遺産分割協議前の預金の引き出し（2）（民法909条の2）
　遺産に属する預貯金債権のうち，相続開始時の預貯金債権の3分の1に権利行使者の法定相続分を乗じた額については，金融機関ごとに法務省令で定める額（150万円）を限度として，単独で金融機関に対して払い戻しを求めることができます。

新民法909条の2

> （遺産の分割前における預貯金債権の行使）
> 第九百九条の二　各共同相続人は，遺産に属する預貯金債権のうち相続開始の時の債権額の三分の一に第九百条及び第九百一条の規定により算定した当該共同相続人の相続分を乗じた額（標準的な当面の必要生計費，平均的な葬式の費用の額その他の事情を勘案して預貯金債権の債務者ごとに法務省令で定める額を限度とする。）については，単独でその権利を行使することができる。この場合において，当該権利の行使をした預貯金債権については，当該共同相続人が遺産の一部の分割によりこれを取得したものとみなす。

【FAQ15】銀行の貸金庫の開扉の手続き

　被相続人が銀行に貸金庫を借りていました。その中にいろいろと重要な物が入っていると思うので，開扉の手続きを取ろうと思います。どのような手続きをとる必要がありますか。
　金庫室内のキャビネットは，被相続人と銀行との間の賃貸借契約であり，相続によって，相続人は，被相続人の賃貸借契約上の賃借人たる地位を承継することになります。銀行としては，被相続人の戸籍謄本により相続人を確認し，

相続人全員の印鑑証明書を求めるとともに，相続人全員の立ち会いを求めるケースが多いとされております。

その他，相続人の一人が代表で貸金庫の開扉手続きをすること及び財産の保管をすることについて，他の相続人が合意すれば，その点についての委任状，印鑑証明を用意して，銀行と開扉の折衝にあたることになります。

II 株式，社債などの有価証券

被相続人の取引証券会社，信託銀行等の口座管理機関等に連絡して，預貯金と同様に，名義変更の手続きが必要となります。

無記名の公社債や株券の現物がある非上場株式は，証券の所持人が正当な権利者とみなされますので，証券の引き渡しを受けることになります。

また，株券を所持するだけでは，配当等を受けられないため，証券会社などを通じて，名義書き換えの請求をします。株式は，会社法の規定で共有名義にはできず（会社法106条但書により，会社の同意があれば可），相続代表者名義か株式を各自の相続分に分割して相続することになります。

III 不動産の登記手続き

1 登記手続き

相続人は，地方法務局で相続による所有権移転登記の手続きをします。

通常，登記手続きは，登記義務者と登記権利者の共同申請が原則ですが，相続登記の場合には，権利を失う登記義務者が被相続人ですから，登記権利者の相続人が単独で申請することができます。一般的には，司法書士等の専門家に依頼することが多いです。なお，登録免許税がかかりますので，注意が必要です（不動産評価額の1,000分の4）。

2 明渡に際しての留意事項

【FAQ16】一部の相続人に対する不動産の明渡請求

相続財産である不動産を占有する相続人の共有持分権が他の相続人より少ないなどということで，多数持分権者である相続人が相続財産である不動産を占有している一部の共有持分権者である相続人に不動産の明渡の請求ができますか。

共有持分権が少ないとしても，全体を占有できる権利がある以上は，直ちに明け渡すことはできないものとされており，多数持分権者が少数持分権者に対して共有物の明渡を求める理由を主張立証しなければならないとされています（最高裁判決昭和41年5月19日・民集20巻5号947頁・判例時報450号20頁）。

【FAQ17】被相続人と同居人であった相続人に対する建物の明渡及び賃料相当損害金の請求の可否

建物が被相続人と一部の相続人である配偶者の同居建物であった場合に，同居していなかった他の相続人である子が同居していた相続人の配偶者に対して，建物の明渡や持分に基づく賃料相当損害金を請求できますか。

この点については，被相続人と同居している相続人との間においては，相続開始時を始期とし，遺産分割時を終期とする使用貸借契約が成立していたと解するのが被相続人及び同居の相続人の通常の意思に合致するものとしており，遺産分割協議ができるまで，建物の明渡や賃料相当損害金の請求はできないとされています。

最高裁判決平成8年12月17日・民集50巻10号2778頁では，次のとおり判示しています。

「共同相続人の一人が相続開始前から被相続人の許諾を得て遺産である建物において被相続人と同居していたときは，特段の事情のない限り，被相続人と右同居の相続人との間において，被相続人が死亡し相続が開始した後も，

遺産分割により右建物の所有関係が最終的に確定するまでの間は，引き続き右同居の相続人にこれを無償で使用させる旨の合意があったものと推認されるのであって，被相続人が死亡した場合は，この時から少なくとも遺産分割終了までの間は，被相続人の地位を相続した他の相続人等が貸主となり，右同居の相続人を借主とする右建物の使用貸借契約関係が存続することになるものというべきである。けだし，建物が右同居の相続人の居住の場であり，同人の居住が被相続人の許諾に基づくものであったことからすると，遺産分割までは同居の相続人に建物全部の使用権原を与えて相続開始前と同一の態様における無償により使用を認めることが，被相続人及び同居の相続人の通常の意思に合致するといえるからである。」

平成30年相続法改正⑦　配偶者短期居住権（民法1037条～1041条）

　上記のように，最高裁判決平成8年12月17日（民集50巻10号2778頁）においては，当事者間の合理的な意思解釈に基づき居住建物について使用貸借関係があったとしているものであるため，被相続人がこれと異なる意思表示をしていた場合や，第三者に居住建物を遺贈した場合などには，同居の配偶者が保護されないことになってしまいます。
　そこで，同居配偶者を保護する政策として，新民法が成立しました。
［成立要件］
　　被相続人の配偶者が被相続人の財産に属した建物に相続開始の時に無償で居住していた場合に成立することとされました。
　　被相続人の許諾を得たことや，被相続人と同居していたことまで必要とされていません。
［存続期間］
　　ア　遺産の分割により居住建物の帰属が確定した日，又は，
　　イ　相続開始の時から6か月を経過する日
のいずれか遅い日までの期間とされています。
　また，配偶者短期居住権については，居住建物の「使用」権限のみが認めら

れ,「収益」権限は認められていません。
● 居住建物取得者による第三者譲渡
　第三者対抗力がないため,居住建物の所有権を相続又は贈与により取得した者がさらに第三者へ譲渡等した場合には,対抗力はありません。
● 抵当権者との関係
　居住建物の抵当権者との関係では,相続開始後に設定及び登記がされた抵当権にも劣後することになるため,抵当権が実行されれば,配偶者は,買受人からの明渡請求は拒むことができません。

平成30年相続法改正⑧　配偶者居住権（民法1028条～1036条）
　配偶者短期居住権に加えて,未曾有の高齢化社会において,配偶者が相続開始の時点で,相当に高齢になっているなど,配偶者の居住権を確保する必要が認められるため,新設された規定になります。
　被相続人の遺産として自宅と預金というケースが多く,その場合に,遺産分割において居住建物の所有権を取得した場合には,居住建物の評価額が高くなることが多く,預金をわずかしか取得できないケースがあり,その後の生活に支障をきたしてしまうことが多くありました。そのため,自宅の不動産を「所有権」と「配偶者居住権」に分けて,遺産分割の際に,生存配偶者に対して「配偶者居住権」という使用権を選択することができるようにしたものです。
[成立要件]
　①　被相続人の配偶者が被相続人の財産に属した建物に相続開始の時に居住していた場合に,
　②　遺産分割により配偶者が配偶者居住権を取得するものとされたとき又は配偶者居住権が遺贈の目的とされたとき
　に成立します。
[存続期間]
　　配偶者の終身の間（遺産分割協議もしくは遺言に別段の定めがある時,家庭裁判所が遺産分割の審判において別段の定めをした時は,その定めによる）

配偶者居住権を取得した配偶者は，居住建物の所有者に対し，「配偶者居住権」の登記を請求でき（新民法1031条），これは第三者対抗要件となります。

★ 配偶者居住権の評価

　配偶者が配偶者居住権を取得した場合には，配偶者居住権の評価額によって，他の遺産をどれだけ取得できるかなどに影響を与えることになります。そのような意味で，配偶者居住権の評価額の算定方法は，極めて重要な意味を持ちます。

　配偶者居住権の評価方法は，改正の条文上には明記されていませんが，法制審議会において議論がされ，法務省のホームページ（http://www.moj.go.jp/content/001222142.pdf　長期居住権の簡易な評価方法について）にて評価方法が例示されていますので，参照していただければと思います。以下，概要のみを記載しておきます。

第1　簡易な評価方法

1　配偶者居住権の評価方法

　配偶者居住権の価額

　＝①建物価額（固定資産税評価額）－②配偶者居住権付建物所有権の価額（※1）

※1　配偶者居住権付建物所有権の価額
　＝｛①建物価額（固定資産税評価額）×（法定耐用年数（※2）－（経過年数＋存続年数（※3））÷（法定耐用年数－経過年数）×ライプニッツ係数（※4）｝
　計算結果がマイナスの場合には，0円とする。

※2　木造住宅用建物の法定耐用年数は22年，コンクリート造住宅用建物は47年

※3　居住権の存続期間が終身である場合には，簡易生命表記載の平均余命の値を使用

※4　以下のライプニッツ係数（少数第四位以下四捨五入）を用いた中間利息控除

【対応期間に相当する各ライプニッツ係数】

利率	現行法（5％）	改正債権法施行当初（3％）
5年	0.784	0.863
10年	0.614	0.744
15年	0.481	0.642

20年	0.377	0.554
25年	0.295	0.478
30年	0.231	0.412

2 配偶者居住権に基づく敷地利用権（一戸建ての場合）

 一戸建ての場合は，配偶者が建物の敷地を排他的に利用することになるので，上記1に加えて，新たに敷地利用権という概念を設けて，上記1の配偶者居住権の評価額に合算することとします。

　ア　甲案（ライプニッツ係数を利用する案）

　　　配偶者居住権に基づく敷地利用権の評価額

　　　　＝敷地利用権の時価－配偶者居住権付敷地の価格

　　　　＝敷地利用権の時価（敷地固定資産評価額÷0.7）－配偶者居住権付敷地の価格｛（敷地固定資産評価額÷0.7）×ライプニッツ係数｝

　　　　＝敷地固定資産評価額÷0.7×（1－ライプニッツ係数）

　イ　乙案（新たに取り決める敷地利用権割合を利用する案）

　　　配偶者居住権に基づく敷地利用権の評価額

　　　　＝敷地固定資産税評価額÷0.7×敷地利用権割合(※1)

【敷地利用権割合】

存続期間	～5年	5～10年	10～15年	15～20年	20～25年	25～30年	30～35年	35～40年	40年～
敷地利用権	20%	30%	40%	50%	60%	70%	80%	90%	95%

第2　今後の詳細な検討

 上記のとおり，簡易な算定方法は既に例示されていますが，今後の運用にあたっては，「民法及び家事事件手続法の一部を改正する法律案」及び「法務局における遺言書の保管等に関する法律案」に対する附帯決議において，配偶者居住権については，これまでにない新たな権利を創設することになる

ことから，その制度の普及を図ることができるよう，配偶者居住権の財産評価を適切に行うことができる手法について，関係機関と連携しつつ，検討を行うことを決議しています。

【FAQ18】内縁配偶者に対する相続人からの明渡請求

相続財産である不動産に被相続人の内縁の妻が占有している場合に，相続人は，被相続人の内縁の妻に対して，不動産の明渡請求ができますか。

相続人からの明渡請求に対しては，権利の濫用として明渡を拒むことができる可能性が高いものと考えられます（最高裁判決昭和39年10月13日・民集18巻8号1578頁参照）。

【FAQ19】内縁配偶者に対する賃貸人からの明渡請求

被相続人が相続人を残して死亡した場合で，相続財産である不動産に被相続人の内縁の妻がいる場合には，不動産の賃貸人は，被相続人の内縁の妻に対して，不動産の明渡請求ができますか。

内縁配偶者は，相続人が相続した借家権を援用して，明渡を拒むことができます。

★ 最高裁判決昭和42年2月21日・民集21巻1号155頁

「上告人Aは亡Cの内縁の妻であつて同人の相続人ではないから，右Cの**死亡後はその相続人である上告人Bら四名の賃借権を援用して被上告人に対し本件家屋に居住する権利を主張することができると解すべきである**（最高裁昭和三四年(オ)第六九二号，同三七年一二月二五日第三小法廷判決，民集一六巻一二号二四五五頁参照）。しかし，それであるからといつて，上告人Aが前記四名の共同相続人らと並んで本件家屋の共同賃借人となるわけではない。したがつて，Cの死亡後にあつては同上告人もまた上告人Bら四名とともに本件家屋の賃借人の地位にあるものというべきであるとした所論原判示には，法令の解釈適用を誤つた違法があるといわなければならない。」

【FAQ20】相続人がいない内縁配偶者に対する賃貸人からの明渡請求

被相続人が相続人なしに死亡した場合で，相続財産である不動産に被相続人の内縁の妻が居住していた場合には，不動産の賃貸人は，内縁の妻に対して，不動産の明渡請求ができますか。

前記FAQ19のとおり，相続人の借家権を援用することはできませんが，借地借家法36条1項により，内縁の配偶者は明渡を拒むことができます。

「居住の用に供する建物の賃借人が相続人なしに死亡した場合において，その当時婚姻又は縁組の届出をしていないが，建物の賃借人と事実上夫婦又は養親子と同様の関係にあった同居者があるときは，その同居者は，建物の賃借人の権利義務を承継する。ただし，相続人なしに死亡したことを知った後一月以内に建物の賃貸人に反対の意思を表示したときは，この限りでない。」
（借地借家法36条1項）

IV 動　　産

遺産の管理者から引き渡しを受けるなどにより，占有の確保をする形で，相続財産の移転を受けることになります。

ただ，自動車は，管轄の陸運事務所（排気量125cc以下のバイク（原動機付自転車）は，市区町村役場）に対して，所有権の移転登録をする必要があります。

V 貸金債権，売掛債権など

相続人となった人が貸金債権や売掛債権の債務者に対し，その債権を相続した旨を通知することになります。時効の完成を防ぐ意味では，債務者から債務確認書がとれればよりよいです。

Ⅵ 知的財産権

1 著作権

著作権の移転は，文化庁に著作権登録を申請し，著作権登録原簿に掲載されないと第三者に対抗できないとされていますが，相続による移転は登録しなくてよいこととなっています（著作権法77条1号）。

2 特許権，実用新案権，意匠権，商標権

相続による権利の移転は登録する必要はないとされていますが（特許法98条1項参照），相続があったことを特許庁長官に対して遅滞なく届け出なければならないことになっています（同条2項参照）。

★ 参 照 ★ 法定相続情報証明制度の創設

　従前は，相続に伴う財産の移転手続きを取る際には，戸籍除籍謄本の一式をいったん相続手続きを取り扱う各種窓口（金融機関等）に提出して，随時，返還を受けるなどしながら，手続きをしていたため，相続手続きの完了に時間がかかってしまったり，手続きを急ぐために，戸籍謄本を複数取得する場合には，費用がかさんでしまうなどの弊害がありました。

　この点について，平成29年5月29日から法定相続情報証明制度が創設され，いったん戸籍，除籍謄本一式を収集し，法定相続情報一覧図（巻末資料参照）を作成のうえで，これらを所定の申出書（巻末資料参照）に添付して，法務局に申し出ると，登記官により，認証文付き法定相続情報一覧図の写し（巻末資料参照）を必要通数分無償で交付を受けることができ，戸籍謄本等一式の提出に代わり，当該書面をもって各種相続手続きに利用できるようになりました。これにより，相続手続きの円滑迅速な実現につながることが期待されています。

● 認証文付法定相続情報一覧図の写しの取得に際しての必要書類
① 被相続人が出生してから亡くなるまでのすべての戸籍・除籍謄本1セット
② 被相続人の住民票の除票
③ 相続人全員分の現在の戸籍謄本又は抄本
④ 申出人の氏名・住所を確認できる書類（運転免許証・マイナンバーカードのコピーなど）
⑤ 法定相続情報一覧図
⑥ 所定の申出書
※ 認証文付法定相続情報一覧図の写しは，従前の戸籍，除籍謄本の原本に代替する手段の一つですが，従前の戸籍，除籍謄本の提示による相続手続きを行うことを妨げるものではありません。

　法定相続情報証明制度の制度趣旨や具体的手続きについては，法務省のホームページ（http://www.moj.go.jp/MINJI/minji05_00284.html）を参照していただければと思います。

第4

相続財産を放棄する場合の方法

Ⅰ　相続放棄

　相続開始による包括承継の効果を全面的に拒否する意思表示であり，自己のために相続の開始があったことを知った時から3か月以内に，家庭裁判所に申立てて，相続放棄をすることになります（民法915条1項）。相続放棄の効果としては，法定相続人をはじめから相続人でなかったこととするものです（民法939条）。

　3か月以内に相続放棄をするかどうかを決めることができない特別な事情がある場合には，家庭裁判所に，相続放棄のための申述期間延長の申請をすることが必要になります（民法915条1項但書）。

【FAQ21】相続放棄の熟慮期間

　被相続人が亡くなり，自己のために相続を開始したことは知っていたのですが，被相続人には相続財産等がないものと思い，相続開始を知った時から3か月が経過してしまいました。しかし，後になって，被相続人には多額の負債があることが判明しました。

　このような場合は，自己のために相続の開始があったことを知った時から3か月が経過してしまった以上，相続放棄はできないことになりますか。

　判例では，「被相続人に相続財産が全く存在しないと信じ，かつ，被相続人の生活歴，被相続人と相続人との間の交際状態その他諸般の状況に鑑みて，当該相続人に対し相続財産の有無の調査を期待することが著しく困難な事情があって，相続人において，被相続人に相続財産が全く存在しないと信ずるにつ

いて，相当な理由が認められるときには，熟慮期間は，相続人が相続財産の全部又は一部の存在を認識した時又は通常これを認識しうべき時から起算すべき」（最高裁判決昭和59年4月27日・民集38巻6号698頁）とされているため，被相続人との日ごろの交流状況など，被相続人との関係性などから，被相続人に相続財産が全く存在しないと信ずるにつき，相当な事情がある場合などについては，熟慮期間の3か月を超えても，家庭裁判所に事情を説明して，相続放棄の申述をすれば，受理されるケースがあります。

したがって，仮に，自己のために相続の開始があったことを知った時から3か月が経過してしまった場合でも，個別の事情にはよりますが，相続放棄を直ちに諦める必要はなく，専門家に相談することをお勧めします。

もっとも，相続人が相続財産のうち積極財産のみを知っており，後に消極財産の存在が明らかになった場合にした相続放棄の申述は却下されており（最高裁決定平成13年10月30日・判例時報1790巻30頁），積極財産のみを知って，遺産分割協議を成立させた後，消極財産の存在が明らかになったとしてした相続放棄の申述を却下している（最高裁決定平成14年4月26日・判例時報1838号26頁）ので，全く相続財産がないということを信じた場合でないと上記の最高裁昭和59年判例は適用されないと解釈されていること（限定説）に注意を要します。

やはり，相続財産があるのかないのかよくわからないときには，熟慮期間の伸長の請求をすることが無難と思われます。

【FAQ22】相続放棄と利益相反

夫が亡くなり，私は，妻で，未成年の子供が3名おります。夫が債務超過をしていたために，私は，自分と子供達3名について，相続放棄の手続きをとることができますか。

最高裁は，共同相続人の一部が相続放棄をすると，他の相続人の相続分が増加するため，放棄する者とそれによって相続分が増加する者とは利益が相反する関係にあるとしています。もっとも，例外として，共同相続人の一人が他の

共同相続人の全部又は一部の者を後見している場合に，後見人が被後見人全員を代理してする相続放棄は，後見人自らが相続放棄した後，又は同時にする場合であれば，その行為の客観的性質からみて利益相反行為に当たらないとしました（最高裁判決昭和53年2月24日・判例タイムズ361感208頁）。

したがって，母親が自分も相続放棄をした後，又は，同時に子供達3名と相続放棄をすることは可能です。上記の最高裁判例は，後見人に関する事例ですが，親権者にも同じく射程の範囲内だと考えられます。

なお，上記FAQ21と異なり，母親が相続放棄をせず，単純に子供達だけの相続放棄をする場合には，母親が子供たちのためにする相続放棄は利益相反行為に該当し，家庭裁判所に特別代理人選任審判の申立てを行い，特別代理人において，相続放棄の申述をする必要があります（民法826条）。特別代理人によらずにした相続放棄の申述は無権代理行為となりますが，本人が追認することで有効とすることができます。

【FAQ23】相続放棄と錯誤無効・相続放棄の無効主張の方法

相続財産の内容につき，実際より多額の債務があると認識しており，多額の資産が相続対象となるという認識がなく，相続放棄をしてしまった場合には，相続放棄の申述を無効とすることはできますか。

相続放棄の性質は，私法上の財産法上の法律行為であるから，当然に民法の適用があるとされ（最高裁判決昭和40年5月27日・判例時報413号58頁），下級審の裁判例では，実際よりも多額の相続債務があると認識し，多額の損害賠償債権（資産）が相続対象となるとの認識がなかった場合には要素の錯誤となり，相続放棄は，錯誤により無効となるとしたものがあります（高松高裁判決平成2年3月29日・判例時報1359号73頁）。

その他，相続放棄の申述に動機の錯誤がある場合に，当該動機が家庭裁判所において表明されていたり，相続の放棄により事実上及び法律上影響を受ける者に対して表明されているときは，民法95条により，法律行為の要素の錯誤として相続放棄は無効となるとされた事例もあります（福岡高裁判決平成10

年8月26日・判時1698号83頁）。

　なお，無効の主張方法ですが，最高裁では，相続放棄無効の確認訴訟は不適法とされており（最高裁判決昭和30年9月30日・判例タイムズ53巻36号），具体的な遺産を確定し，持分の確認を求める裁判あるいは裁判外での権利主張の際に相続に基づく法律関係の前提問題として無効主張をしていくことになります。

【ＦＡＱ24】相続放棄と詐害行為取消

　相続人Ａが債務超過である時に，被相続人に積極財産がたくさんあり，積極財産を相続できるにもかかわらず，相続人Ａが相続を放棄した場合に，債権者としては，債務者である相続人Ａの相続放棄について，詐害行為取消権を行使することができますか。

　相続放棄については，身分行為的な要素が強いため，相続放棄の詐害行為取消はできないものとされています。一方で，相続分をゼロとする遺産分割協議については，詐害行為取消の対象となりますので，注意が必要です。

★　最高裁判決昭和49年9月20日・民集28巻6号1202頁

　「相続の放棄のような身分行為については，民法四二四条の詐害行為取消権行使の対象とならないと解するのが相当である。なんとなれば，右取消権行使の対象となる行為は，積極的に債務者の財産を減少させる行為であることを要し，消極的にその増加を妨げるにすぎないものを包含しないものと解するところ，相続の放棄は，相続人の意思からいつても，また法律上の効果からいつても，これを既得財産を積極的に減少させる行為というよりはむしろ消極的にその増加を妨げる行為にすぎないとみるのが，妥当である。また，相続の放棄のような身分行為については，他人の意思によつてこれを強制すべきでないと解するところ，もし相続の放棄を詐害行為として取り消しうるものとすれば，相続人に対し相続の承認を強制することと同じ結果となり，その不当であることは明らかである。」

★ 最高裁判決平成 11 年 6 月 11 日・民集 53 巻 5 号 898 頁

「共同相続人の間で成立した遺産分割協議は，詐害行為取消権行使の対象となり得るものと解するのが相当である。けだし，遺産分割協議は，相続の開始によって共同相続人の共有となった相続財産について，その全部又は一部を，各相続人の単独所有とし，又は新たな共有関係に移行させることによって，相続財産の帰属を確定させるものであり，**その性質上，財産権を目的とする法律行為**であるということができるからである。そうすると，前記の事実関係の下で，被上告人は本件遺産分割協議を詐害行為として取り消すことができるとした原審の判断は，正当として是認することができる。」

【ＦＡＱ２５】保険金の受領と相続放棄（法定単純承認該当性）

相続放棄の熟慮期間中に，相続人である私が受取人になっている死亡保険金を保険会社へ請求し，その保険金を受領して，その死亡保険金を以って，被相続人の債務を弁済してしまった場合は，相続財産の一部を処分したものとして，相続放棄をすることができなくなってしまいますか。

相続放棄や限定承認をしないことを前提とするような相続財産の全部又は一部の処分行為（民法 921 条 1 号）や，熟慮期間内に限定承認や相続放棄をしなかった時（同条 2 号）や，相続財産の全部もしくは一部を隠匿し，私にこれを費消し，又は，悪意でこれを相続財産の目録中に記載しなかった時（同条 3 号）には，法定単純承認（民法 921 条）として，相続人は相続につき承認したものとみなされて，相続放棄をすることができなくなります。

死亡保険金を受領して，これをもって被相続人の債務に充当弁済することは，一見すると，相続財産の処分に該当するように思われますが，死亡保険金請求権は，保険契約の効力が発生した被相続人死亡と同時に，相続人たるべき者の固有財産となり，被保険者である被相続人の相続財産より離脱しているものと解されます（最高裁判決昭和 40 年 2 月 2 日・民集 19 巻 1 号 1 頁）。

したがって，熟慮期間中の保険契約に基づく死亡保険金の請求及びその保険金の受領は，あくまで，相続人の方の固有の財産に属する権利行使をして，そ

の保険金を受領した者に過ぎず，被相続人の相続財産の一部を処分した場合に該当しないので，法定単純承認（民法921条1項本文）に該当せず，相続放棄をすることが可能です。

　また，死亡保険金を用いて，被相続人の債務を弁済した行為についても，自らの固有の財産である死亡保険金をもってしたものであるので，これは相続財産の一部を処分したことにあたらないので，相続放棄をすることの妨げにはなりません（福岡高裁宮崎支判決平成10年12月22日・家月51巻5号49頁参照）。

【FAQ26】遺産分割協議と相続放棄（法定単純承認該当性）

　遺産分割協議に参加して，相続財産を取得しないという形で遺産分割協議を成立させました。その後，莫大な相続債務があることが判明したのですが，相続財産を取得しないという遺産分割協議に応じただけである自分は，相続放棄をすることは妨げられませんか。

　相続人としては，相続すべき遺産がないものの，相続財産につき，相続分を有していることを認識し，相続財産に対して有する相続分を処分したとして，法定単純承認事由（民法921条1号）に該当するとされています（大阪高裁決定平成10年2月9日・判例タイムズ985号257頁）。

　したがって，相続放棄はできないことになります。

【FAQ27】葬儀費用等の支出と相続放棄（法定単純承認該当性）

　被相続人の死亡後に被相続人の所持金の数万円程度から火葬費用や治療費の残額の支払いをしてしまった場合は，もはや相続放棄はできませんか。

　葬儀費用，火葬費用などにわずかな金額を使ったに過ぎない場合には，相続財産の処分（民法921条1号）に該当しない余地があり，相続放棄をなしうる可能性があります。

★　大阪高裁決定昭和54年3月22日・家月31巻10号61頁

　「相続の根拠及び民法全編を通ずる個人の尊厳ないしその意思の尊重の要請

並びに民法九二〇条の「単純承認をしたとき」との文言に照らすと，単純承認は相続人の自発的意思表示に基づく効果であり，同法九二一条による単純承認の擬制も相続人の意思を擬制する趣旨であると解すべきである。したがつて，とくに遺産が債務のみの場合には相続人が通常この債務を承継しその支払を引受ける自発的意思を有することは稀なことであるから，その債務承継の意思の認定ないし擬制を行なうについては，特に慎重でなければならない。

　したがつて，本件のように行方不明であつた被相続人が遠隔地で死去したことを所轄警察署から通知され，取り急ぎ同署に赴いた抗告人ら妻，子が，同署から戸籍法九二条二項，死体取扱規則（公安委員会規則四号）八条に基づき，被相続人の着衣，身回り品の引取を求められ，前認定一，(11)のとおり，やむなく殆んど経済的価値のない財布などの雑品を引取り，なおその際被相続人の所持金二万〇四三二円の引渡を受けたけれども，右のような些少の金品をもつて相続財産（積極財産）とは社会通念上認めることができない（このような経済的価値が皆無に等しい身回り品や火葬費用等に支払われるべき僅かな所持金は，同法八九七条所定の祭祀供用物の承継ないしこれに準ずるものとして慣習によつて処理すれば足りるものであるから，これをもつて，財産相続の帰趨を決すべきものではない）。のみならず，抗告人らは右所持金に自己の所持金を加えた金員をもつて，前示のとおり遺族として当然なすべき被相続人の火葬費用ならびに治療費残額の支払に充てたのは，人倫と道義上必然の行為であり，公平ないし信義則上やむを得ない事情に由来するものであつて，これをもつて，相続人が相続財産の存在を知つたとか，債務承継の意思を明確に表明したものとはいえないし，民法九二一条一号所定の「相続財産の一部を処分した」場合に該るものともいえないのであつて，右のような事実によつて抗告人が相続の単純承認をしたものと擬制することはできない。」

【FAQ28】葬儀費用等の支出と相続放棄（法定単純承認該当性）

　　被相続人の死亡後に被相続人の貯金を解約して，葬儀費用のほか，墓石の購入に充ててしまったのですが，このようなことをしてしまった以上，もはや相続放棄はできませんか。

　葬儀費用や社会通念上高額とはいえない墓石の購入に充てた場合であれば，まだ相続放棄の余地はあります。

　なお，以下の裁判例では，葬儀費用，墓石購入の点の判示にとどまらず，相続放棄の期間についても，かなり柔軟に解しており，相続放棄の受理の基準についても判断しているので，その点が参考となります。

　ただし，FAQ27，28の裁判例は，個別の事例判断であるため，相続財産から葬儀費用等の支出をすることはリスクがあることに留意すべきです。

★　大阪高裁決定平成14年7月3日・家月55巻1号82頁

　「（1）　本件貯金を解約して墓石購入費に充てた行為が法定単純承認たる「相続財産を処分したとき」（民法921条1号）に当たるかどうかについて

　　葬儀は，人生最後の儀式として執り行われるものであり，社会的儀式として必要性が高いものである。そして，その時期を予想することは困難であり，葬儀を執り行うためには，必ず相当額の支出を伴うものである。これらの点からすれば，被相続人に相続財産があるときは，それをもって被相続人の葬儀費用に充当しても社会的見地から不当なものとはいえない。また，相続財産があるにもかかわらず，これを使用することが許されず，相続人らに資力がないため被相続人の葬儀を執り行うことができないとすれば，むしろ非常識な結果といわざるを得ないものである。

　　したがって，相続財産から葬儀費用を支出する行為は，法定単純承認たる「相続財産の処分」（民法921条1号）には当たらないというべきである。

　　葬儀の後に仏壇や墓石を購入することは，葬儀費用の支払とはやや趣を異にする面があるが，一家の中心である夫ないし父親が死亡した場合に，その家に仏壇がなければこれを購入して死者をまつり，墓地があっても墓石がない場合にこれを建立して死者を弔うことも我が国の通常の慣例であり，預貯

金等の被相続人の財産が残された場合で，相続債務があることが分からない場合に，遺族がこれを利用することも自然な行動である。

　そして，抗告人らが購入した仏壇及び墓石は，いずれも社会的にみて不相当に高額のものとも断定できない上，抗告人らが香典及び本件貯金からこれらの購入費用を支出したが不足したため，一部は自己負担したものである。

　これらの事実に，葬儀費用に関して先に述べたところと併せ考えると，抗告人らが本件貯金を解約し，その一部を仏壇及び墓石の購入費用の一部に充てた行為が，明白に法定単純承認たる「相続財産の処分」（民法921条1号）に当たるとは断定できないというべきである。

　（2）相続放棄をすべき期間等について

ア　相続人は，自己のために相続の開始があったことを知った時から3か月以内に，相続の放棄等をしなければならない。そして，相続人が相続開始の原因となる事実及びこれにより自己が法律上相続人となった事実を知った時から3か月以内に相続放棄等をしなかったのが，相続財産が存在しないと信じたためであり，かつ，このように信ずるについて相当の理由がある場合には，民法915条1項所定の期間は，相続人が相続財産の全部若しくは一部の存在を認識した時又は通常これを認識しうべかりし時から起算するのが相当である。

イ　抗告人らは，本件貯金があることは相続開始後まもなく知ったが，被相続人には債務はないと信じていたものであって，債務があることを知ったのは，前記○○信用保証協会からの残高通知書に接した時であり，前記認定の事実関係からすれば，それはやむを得ないことというべきである。そして，被相続人には本件貯金のほかに積極財産はなかったのであるから，抗告人らは，本件債務のように多額の債務があることを知っておれば，相続開始後すぐに相続放棄をしたはずであることは明らかである。

　そうとすれば，抗告人らが被相続人の死亡及び自己が相続人であることを知った時から3か月を経過した後に本件相続放棄の申述をしたのは，やむを得ないものであり，民法915条1項所定の期間は，抗告人らが○○信

用保証協会からの残高通知書に接した時から起算すべきものと解する余地がある。

　したがって，抗告人らの相続放棄の申述が明白に民法915条1項所定の期間を経過した後にされた不適法のものであるということもできない。

（3）相続放棄の申述の受理について

ア　ところで，相続放棄の申述の受理は，家庭裁判所が後見的立場から行う公証的性質を有する準裁判行為であって，申述を受理したとしても，相続放棄が有効であることを確定するものではない。相続放棄等の効力は，後に訴訟において当事者の主張を尽くし証拠調べによって決せられるのが相当である。

　したがって，家庭裁判所が相続放棄の申述を受理するに当たって，その要件を厳格に審理し，要件を満たすもののみを受理し，要件を欠くと判断するものを却下するのは相当でない。もっとも，相続放棄の要件がないことが明らかな場合まで申述を受理するのは，かえって紛争を招くことになって妥当でないが，明らかに要件を欠くとは認められない場合には，これを受理するのが相当である。」

【FAQ29】被相続人の債権の取り立てと相続放棄（法定単純承認該当性）

　被相続人の死亡後に被相続人の債権を取り立てたのですが，このようなことをしてしまった以上，もはや相続放棄はできませんか。

　債権の取り立て行為については，法定単純承認事由の「相続財産の処分」に該当することとなり，相続放棄はできないものと考えられます。

★　最高裁判決昭和37年6月21日・家月14巻10号100頁

　「上告人が右のように妻Wの有していた**債権を取立てて，これを収受領得する行為は民法九二一条一号本文にいわゆる相続財産の一部を処分した場合に該当するものと解するを相当とする**から，上告人が判示爾余の債権を如何ように処置したか否かの点を審究するまでもなく，上告人は右処分行為によ

り右法条に基づき相続の単純承認をなしたものとみなされたものと解すべきである。」

【FAQ30】相続財産の隠匿と相続放棄

　被相続人の毛皮の洋服など，一定の財産的価値がある洋服一式を相続人の一人が持ち帰ってしまいました。このような行為をした場合に，この相続人は，相続放棄をすることはできませんか。

　民法921条3号の「相続財産の隠匿」に該当し，相続放棄をすることができなくなる可能性があります。

　相続人が，限定承認又は相続放棄をした後であっても，相続財産の全部又は一部を隠匿し，私にこれを費消し，又は悪意でこれを相続財産の目録中に記載しなかったときは単純承認とみなされます。ただし，その相続人が相続放棄をしたことによって相続人となった者が相続の承認をした後には，この限りではないとされています（民法921条3号但書）。

★ 東京地裁判決平成12年3月21日・家月53巻9号45頁

　「民法九二一条三号の立法趣旨

　　相続人が限定承認をした場合，相続人は相続財産を限度として被相続人の債務の弁済等を行うのであるから（民法九二二条），相続財産の範囲を明確にし，被相続人の債権者や受遺者に対する清算を誠実に実行しなければならない。相続人が相続放棄をした場合，相続人は，その放棄によって相続人となる者のために相続財産を管理しなければならない（同法九四〇条）。しかるに，相続人が限定承認又は相続放棄をする一方で，相続財産の隠匿等の行為をした場合には，被相続人の債権者等の利害関係人が相続財産を把握できない等の不利益を被ることになってしまう。そこで，民法九二一条三号は，右のような相続人による被相続人の債権者等に対する背信的行為に関する民法上の一種の制裁として，相続人に単純承認の効果を発生させることとしたものである。

　　したがって，同条三号の規定する相続財産の「隠匿」とは，相続人が被相

続人の債権者等にとって相続財産の全部又は一部について，その所在を不明にする行為をいうと解されるところ，相続人間で故人を偲ぶよすがとなる遺品を分配するいわゆる形見分けは含まれないものと解すべきである。また，同号に該当するためには，その行為の結果，被相続人の債権者等の利害関係人に損害を与えるおそれがあることを認識している必要があるが，必ずしも，被相続人の特定の債権者の債権回収を困難にするような意図，目的までも有している必要はないというべきである。・・・」

「被控訴人が二度にわたって持ち帰った遺品の中には，新品同様の洋服や三着の毛皮が合まれており，右洋服は相当な量であったのであるから，洋服等は新品同様であっても古着としての交換価値しかないことを考慮してもなお，持ち帰った遺品は，一定の財産的価値を有していたと認めることができる。そして，被控訴人は，Xの遺品のほとんどすべてを持ち帰っているのであるから，債権者等に対し相続財産の所在を不明にしているもの，すなわち相続財産の隠匿に当たるというほかなく，その持ち帰りの遺品の範囲と量からすると，客観的にみて，いわゆる形見分けを超えるものといわざるを得ないのである。・・・したがって，控訴人の遺品持ち帰り行為は，民法九二一条三号の相続財産の隠匿に該当するものと評価するほかないから，被控訴人は単純承認したものとみなさざるを得ない。」

【FAQ31】相続放棄などで相続人が誰か不明になった場合の債権者の対応

　被相続人の債権者の立場から見て，相続人自体がいるのかが明らかでなく，被相続人の債務を誰が引き継いだのかわからない場合は，どうしたらよいですか。

　相続財産自体を法人とみなし，相続財産法人の財産管理人として相続財産管理人が選任されます。相続財産管理人は，利害関係人（債権者など）又は検察官の請求によって，家庭裁判所が選任することとされています（民法952条1項）。

Ⅱ 限定承認

　相続した財産の範囲内で被相続人の債務を弁済し，余りがあれば相続できる制度です。相続人が自腹を切って返済をする必要はなくなります。もっとも，これも相続放棄と同様に3か月以内に家庭裁判所に申立てを行う必要があり，限定承認は，相続人全員が共同して行われなければなりません。実務的には，限定承認は，財産目録の作成が必要であったり，精算の手続きが煩雑でもあり，あまり利用されておらず，債務超過などの場合には，相続放棄の手続きがされることが多いです。

第2章
相続において問題となり得る事例及び解説

　第1章においては，遺産分割をするにあたっての相続人・遺言・相続財産等の調査方法を概説し，相続財産を承継する場合や相続財産を放棄する場合の手続き及びそれに付随する事例を概観してきました。

　遺産分割協議，調停，審判にあたっては，誰が（遺産分割の当事者の問題），何を（遺産の範囲），いくらで（遺産の評価），どのような割合で（遺産の取り分：法定相続分，特別受益，寄与分などで修正した具体的相続分），どう分けるか（遺産分割の方法）という点をめぐって，実務的にさまざまな事項が問題となり，さらに，遺言，遺留分を巡ってもさまざまな実務的な論点があるところです。

　そこで第2章では，実務で是非とも押さえておきたい論点について重要な判例・裁判例を交えて，事例形式で説明していきます。

第1 遺産分割の当事者等

I 相続人の確定

【FAQ32】相続欠格制度

母からは，私がいろいろと看護してくれたということで，私に有利な遺言を作ってもらっているという話を聞いていましたが，遺言書が見つかりません。兄弟が私に有利な遺言だということで，隠したり，破棄していた場合には，兄弟は相続人になれますか。

相続欠格制度の問題になります。
民法891条では，次の者を相続欠格事由として定めています。

① 故意に被相続人又は先順位・同順位の相続人を殺害，又は殺害しようとしたために刑に処せられた者
② 被相続人の殺害されたことを知って，これを告発・告訴しなかった者（ただし，その者に是非の識別ができないとき，殺害者が自己の配偶者・直系血族であったときを除く）
③ 詐欺又は強迫によって，被相続人が相続に関する遺言をし，撤回し，取り消し，又は変更することを妨げた者
④ 詐欺又は強迫によって，被相続人に相続に関する遺言をさせ，撤回させ，取消させ，又は変更させた者
⑤ 相続に関する被相続人の遺言書を偽造し，変造し，破棄し，又は隠匿した者

この中で，特に実務的に多いのが，⑤の相続に関する被相続人の遺言書を偽造し，変造し，破棄し，又は隠匿した者の該当性です。

遺言の隠匿や破棄が，それによって不当な利益を得る目的があったことが認められれば，破棄や隠匿した人は，相続欠格事由に該当するものとして，相続人にはなれません。相続人となる資格を失わせるという厳しい制裁がある相続欠格制度ですので，厳格に要件を解釈すべきものとしているところで，以下の最高裁判例があります（偽造や隠匿等の行為の故意だけでなく，不当な利益を得ることを目的として行うことが必要とする二重の故意必要性説）。

　したがって，兄弟が自分に不利な遺言だということで，法定相続どおり，自分たちが不当な利益を得ようという目的で隠したり，破棄していた場合には，相続欠格事由に該当し，相続人になれません。

★　最高裁判決平成9年1月28日・判例時報1594号53頁
　「相続人が相続に関する被相続人の**遺言書を破棄又は隠匿した場合**において，相続人の右行為が相続に関して不当な利益を目的とするものでなかったときは，右相続人は，民法八九一条五号所定の相続欠格者には当たらないものと解するのが相当である。けだし，同条五号の趣旨は遺言に関し著しく不当な干渉行為をした相続人に対して相続人となる資格を失わせるという民事上の制裁を課そうとするところにあるが（最高裁昭和五五年(オ)第五九六号同五六年四月三日第二小法廷判決・民集三五巻三号四三一頁参照），遺言書の破棄又は隠匿行為が相続に関して不当な利益を目的とするものでなかったときは，これを遺言に関する著しく不当な干渉行為ということはできず，このような行為をした者に相続人となる資格を失わせるという厳しい制裁を課することは，同条五号の趣旨に沿わないからである。」

★　最高裁判決平成6年12月16日・判例時報1518号15頁
　　遺言公正証書の正本の保管を託された相続人が遺産分割協議が成立するまで法定相続人の一人に対して，右遺言書の存在と内容を告げなかったが，遺言者の妻は公正証書によって遺言を知っていたり，他の相続人には，遺言の存在と内容を伝えていたという事案で，「右事実関係の下において，**被上告人の行為は遺言書の発見を妨げるものということができず，民法八九一条五号の遺言書の隠匿に当たらない**とした原審の判断は，正当として是認するこ

とができる。」と判断しています。

★ 最高裁判決昭和56年4月3日・民集35巻3号431頁

「相続に関する被相続人の遺言書がその方式を欠くために無効である場合又は有効な遺言書についてされている訂正がその方式を欠くために無効である場合に，相続人がその方式を具備させることにより有効な遺言書としての外形又は有効な訂正としての外形を作出する行為は，同条五号にいう遺言書の偽造又は変造にあたるけれども，相続人が遺言者たる被相続人の意思を実現させるためにその法形式を整える趣旨で右の行為をしたにすぎないときには，右相続人は同号所定の相続欠格者にはあたらないものと解するのが相当である。」

【FAQ33】相続廃除制度

長男がぐれてしまい，毎日のように，「早く死ね」などといわれるなど，ひどい侮辱を受けています。このような長男には遺留分も含めて，1円たりとも遺産を渡したくない場合には，どうしたらよいですか。

1円たりとも渡したくないということになると，遺言をして，長男以外の相続人に相続させるという遺言をしても，遺留分を有する長男が遺留分減殺請求をした場合には，遺留分を取得することになってしまいます。

そこで，相続廃除制度が問題となります。

相続廃除制度は，民法892条に規定があり，被相続人に対して，虐待をし，もしくは重大な侮辱をし，又はその他の著しい非行があったときは，被相続人は，家庭裁判所にその推定相続人の廃除を請求できます。

廃除は，遺言でもできますが，この場合，遺言執行者は，その遺言が生じた後，遅滞なく，家庭裁判所に廃除の手続きをとることが必要となります（民法893条）。

もっとも，廃除の制度は，遺留分すらも奪う重大な制度であることから，排除事由に該当するかは当該行為が被相続人との家族的共同生活関係を破壊させ，その修復が著しく困難なほどのものであるかどうかの基準で判断されます。

また，上記のとおり，遺留分さえも奪う重大な制度であることから，この要件も厳格に解釈されており，被相続人の主観的，恣意的なもののみであってはならず，相続人の虐待，侮辱，その他の著しい非行が客観的に重大なものであるかどうかの評価が必要となります。その評価は，相続人がそのような行動をとった背景の事情や被相続人の態度及び行為も斟酌考量したうえでなされなければならず，そのため，被相続人の態度が原因での言動や，一時的なものについては，廃除の要件に該当しないとされています。

「虐待もしくは重大な侮辱」に関する裁判例
★ 東京高裁決定平成4年12月11日・判例時報1448号130頁
　「民法第八九二条にいう虐待又は重大な侮辱は，**被相続人に対し精神的苦痛を与え又はその名誉を毀損する行為であって，それにより被相続人と当該相続人との家族的協同生活関係が破壊され，その修復を著しく困難ならしめるものをも含むものと解すべきである**。

　本件において，前記認定の事実によれば，相手方は，小学校の低学年のころから問題行動を起こすようになり，中学校及び高校学校に在学中を通じて，家出，怠学，犯罪性のある者等との交友等の虞犯事件を繰り返して起こし，少年院送致を含む数多くの保護処分を受け，更には自らの行動について責任をもつべき満一八歳に達した後においても，スナックやキャバレーに勤務したり，暴力団員の丙川五郎と同棲し，次いで前科のある暴力団の中堅幹部である乙山夏夫と同棲し，その挙げ句，同人との婚姻の届出をし，その披露宴をするに当たっては，抗告人らが右婚姻に反対であることを知悉していながら，披露宴の招待状に招待者として乙山の父乙山松夫と連名で抗告人甲野太郎の名を印刷して抗告人らの知人等にも送付するに至るという行動に出たものである。そして，このような相手方の小・中・高等学校在学中の一連の行動について，抗告人らは親として最善の努力をしたが，その効果はなく，結局，相手方は，抗告人ら家族と価値観を共有するに至らなかった点はさておいても，右家族に対する帰属感を持つどころか，反社会的集団への帰属感

を強め，かかる集団である暴力団の一員であった者と婚姻するに至り，しかもそのことを抗告人らの知人にも知れ渡るような方法で公表したものであって，相手方のこれら一連の行為により，抗告人らが多大な精神的苦痛を受け，また，その名誉が毀損され，その結果抗告人らと相手方との家族的協同生活関係が全く破壊されるに至り，今後もその修復が著しく困難な状況となっているといえる。そして，相手方に改心の意思が，抗告人らに宥恕の意思があることを推認させる事実関係もないから，抗告人らの本件廃除の申立は理由があるものというべきである」

★ 東京高裁決定平成8年9月2日・家月49巻2号153頁
「推定相続人の廃除は，遺留分を有する推定相続人が被相続人に対して虐待及び侮辱並びにその他の著しい非行を行ったことが明らかであり，かつ，それらが，相続的共同関係を破壊する程度に重大であった場合に，推定相続人の相続権を奪う制度である。右廃除は，被相続人の主観的，恣意的なもののみであってはならず，相続人の虐待，侮辱，その他の著しい非行が客観的に重大なものであるかどうかの評価が必要となる。その評価は，相続人がそのような行動をとった背景の事情や被相続人の態度及び行為も斟酌考量したうえでなされなければならない。

そこで，本件についてみるに，前記認定事実によると，抗告人と被相続人との不和はXとYの嫁姑関係の不和に起因し，抗告人と被相続人がそれぞれの妻の肩をもったことで，抗告人夫婦と被相続人夫婦の紛争に拡大していったものである。XとYは，頻繁に口論し，その結果お互いに相手に対する悪口，嫌がらせ，果ては暴力を振るうような関係に至っていたことが認められる。抗告人と被相続人も紛争に関わる中で，口論は日常的なものとなり，相手に抱いた不信感や嫌悪感を底流として，双方が相手を必要以上に刺激するような関係になっていったものである。そういう家庭状況にあって，抗告人がYや被相続人に対し，力づくの行動や侮辱と受け取られるような言動をとったとしても，それが口論の末のもので，感情的な対立のある日常生活の上で起こっていること，何の理由もなく一方的に行われたものではないこ

とを考慮すると，その責任を抗告人にのみ帰することは不当であるというべきである。

そうすると，抗告人の前記言動の原因となった家庭内の紛争については，抗告人夫婦と被相続人夫婦の双方に責任があるというべきであり，被相続人にも相応の責任があるとみるのが相当である。しかも，抗告人は被相続人から請われて同居し，同居に際しては改築費用の相当額を負担し，家業の農業も手伝ってきたこと，被相続人も昭和58年から死亡するまで抗告人との同居を継続したことなどの前記認定事実を考慮すれば，抗告人と被相続人は家族としての協力関係を一応保っていたというべきで，相続的共同関係が破壊されていたとまではいえないから，抗告人と被相続人の感情の対立を過大に評価すべきでなく，抗告人の前記言動をもって，民法第892条所定の事由に当たるとすることはできない。」

★ 東京高裁決定昭和49年4月11日・判例時報741号77頁

「抗告人が被抗告人を告訴するに及んだことは，たしかに，親である同人に対し侮辱を加えたものといわなければならないが，抗告人をしてこのような挙に出なければならないようにした原因が前示認定のごとく被抗告人の側にあったことが認められる本件にあって，しかも一時的な所業と認められる右告訴をもってしては，いまだ抗告人が民法第八九二条に定める程度に重大な侮辱を被抗告人に加えたものということはできず，その他同条所定の廃除の事由に該当する非行が抗告人にあったと認めるに足りる証拠はない」

「著しい非行」に関する裁判例

★ 神戸家裁伊丹支部決定平成20年10月17日・家月61巻4号108頁

「推定相続人の廃除は，相続的協同関係が破壊され，又は破壊される可能性がある場合に，そのことを理由に遺留分権を有する推定相続人の相続権を奪う制度であるから，民法892条所定の廃除事由は，客観的かつ社会通念に照らし，推定相続人の遺留分を否定することが正当であると判断される程度に重大なものでなければならないと解すべきである。

これを本件についてみるに，前記1,2の各認定事実によると，相手方は，競馬，パチンコや車の購入，女性との交際費等で借金を重ね，被相続人に度々返済させるなどいわゆる尻ぬぐいを長年にわたってさせており，しかも被相続人が相手方から返済を受けられなかった出費の合計額は2,000万円以上に上っており，被相続人死亡時の被相続人の財産1,000万円相当に比べて相当過大であるだけでなく，被相続人が長年XやY株式会社に勤務し，ある程度の収入や蓄財が予想されるにもかかわらず，立替金の財源に不足し，娘であるEからも借金をしなければならなかったことも考慮すると，被相続人の経済的な負担は極めて大きかったものと認めることができる。

また，相手方の債権者らには，いわゆるヤミ金や相手方の友人がおり，相手方が殴られて帰宅したことや，関係者が被相続人の自宅を見張ったり押しかけたことがあり，近所にも聞こえるような大声で罵倒し警察を呼ぶ事態も生じたことなどがあるのであるから，被相続人の親としての心の平穏や住居の平穏を著しく害されたことは否定できない。

さらに，相手方は，被相続人からいわゆる「勘当」までされたにもかかわらず，再び借金を重ねて破産，免責の決定を受けたほか，破産，免責決定後も，改心したとまではいいがたく，被相続人にまで再び引越代の無心をしたりしている。

そうすると，相手方の行為は，相手方が成人に達するころから約20年間，被相続人を経済的，精神的に苦しめてきたものといわざるを得ず，被相続人の苦痛は被相続人の死亡まで続いており，被相続人が心情を吐露したとみられる本件手紙及び本件遺言書の各内容，並びにいわゆる「勘当」の存在及び葬式への相手方出席に関するEへの指示などは，被相続人の怒りが相当激しいものであったことを示しているところ，相手方の行為による被相続人への経済的，精神的な苦痛の大きさやその継続に鑑みれば，被相続人の怒りも十分理解できるものであって，結局，相手方の行為は，客観的かつ社会通念に照らし，相手方と被相続人の相続的協同関係を破壊し，相手方の遺留分を否定することが正当であると判断される程度に重大なものであり，民法892条

の「著しい非行」に該当するといわざるを得ない。

(留意点)

なお，廃除の審判が確定した後であっても，被相続人は，いつでも**廃除の取消し**を家庭裁判所に請求できることに留意しておく必要があります（民法894条）。

Ⅱ 相続分の譲渡・相続分の放棄

【FAQ34】相続分の譲渡

　遺言がなく，相続人が配偶者と子だけの場合に，配偶者に被相続人の財産を全て取得させるためには，子が全員相続の放棄をすると，第二順位の直系尊属，第三順位の兄弟姉妹，また，その代襲者に順位が回り，これらの者も相続放棄をしなければならないでしょうか。

　どのようにすれば，このような手間なく，配偶者に相続分全てを取得させることができるでしょうか。

　第二順位や第三順位の相続人が存在しない場合には，相続放棄の手続きをとることでも煩瑣ではないのですが，上記のとおり，相続放棄の手続きをとると多数当事者に手続きが必要となって煩瑣となる場合には，子が相続分の放棄又は相続分の譲渡という手続きをとることで解決できます。

　相続分の譲渡とは，遺産全体に対する共同相続人の包括的持分又は法律上の地位を譲渡することとされています。これは，積極財産及び消極財産を包含した遺産全体に対する譲渡人の割合的な持分（包括的持分）の移転を意味します。

　相続分の放棄とは，共同相続人がその相続分を放棄することをいいます。

　なお，相続分の譲渡も相続分の放棄についても相続債務が存在している場合には，債権者から相続債務を免れることができないため，相続放棄の手続きをとる必要があります。

第2

遺産の範囲について（相続対象財産）

....

【FAQ35】預貯金の帰属の問題（いわゆる名義預金）

　夫が亡くなったものの，専業主婦の配偶者にペイオフ等の関係で，普通預金口座を作ってもらい，管理してもらっていた場合には，この預金は，妻名義ではあるものの，被相続人たる夫の遺産として，相続財産となるでしょうか。

　定期預金については，お金の出捐者が誰であるかということを中心に，通帳，届出印の管理等の事情を総合考慮していきますが，普通預金の場合には，預金の出捐者に留まらず，預金の名義や通帳，届け出印の管理者等の事情を重視する傾向があります。

　定期預金の場合には，預入金が最終の残高に対応している関係で，出捐者説と親和性がありますが，普通預金の場合には，下記の平成6年7月29日の東京地裁判決のように，個々の預入金ごとに各別の預金債権が成立するとみることはできないという特殊性があり，これを預金者の認定にあたってどのように解するのかが問題となります。

　この点については，以下，重要な文献があります。

　「預入金が最終の残高に対応している定期預金と異なり，入金があるたびに既存の預金債権と合算されて残高が変動し，それが1個の預金債権として扱われる普通預金の場合，出捐者は誰かという観点で処理するのでは限界がある（入金の都度出捐者が異なることもありうる）。むしろ，預金契約上の預金者としての地位としての，預金口座が誰に帰属するかを問題とするのが実態に即している。そして，その場合は，客観説のように出捐者を基準とするのではなく，預金契約の主体（名義人）は誰か，預金口座は誰が管理してい

るか等が重要な判断要素となるだろう」（内田貴『民法Ⅲ』〔東京大学出版会，第3版〕48頁）とされています。

　本件でも議論の余地があるところですが，このような立場を前提とすると，預金口座が妻名義となっており，妻が実際に管理していた場合には，妻に預金が帰属しているものと考えられます。

　なお，次のような判例・裁判例が出されていますので，参考になるところです。

★ 最高裁判決昭和48年3月27日・民集27巻2号376頁（**無記名定期預金について**）

　「ところで，無記名定期預金契約において，当該預金の出捐者が，自ら預入行為をした場合はもとより，他の者に金銭を交付し無記名定期預金をすることを依頼し，この者が預入行為をした場合であつても，預入行為者が右金銭を横領し自己の預金とする意図で無記名定期預金をしたなどの特段の事情の認められないかぎり，**出捐者をもつて無記名定期預金の預金者と解すべきである**」

★ 最高裁判決昭和52年8月9日・民集31巻4号742頁（**記名式定期預金について**）

　「右事実関係のもとにおいては，本件記名式定期預金は，預入行為者であるA名義のものであつても，**出捐者であるB，ひいてはその相続人であるCをその預金者と認めるのが相当**」

★ 東京地裁判決平成6年7月29日・金法1424号45頁（**普通預金について**）

　「普通預金は，取引開始の際に，預金者と銀行との間で約定書を作成して払込み払戻しの方法，利息等について契約を締結し，預け入れられた金額は常に既存の残高と合計された一個の債権として取り扱われ，預入れごとに金額を区分けして取り扱うことはおよそ予定されていないものであるから，一個の包括的な契約が成立しているものと解すべきであり，個々の預入金ごとに各別の預金債権が成立するとみることはできない。

　そうすると，普通預金契約においては，口座開設当初の預金者がその後の預入金についても預金者となるといわざるをえない。」

★ 最高裁判決平成15年2月21日・民集57巻2号95頁（普通預金について）

損害保険代理店が保険契約者から収受した保険料のみを入金する目的で開設した普通預金口座の預金債権について，損害保険会社か損害保険代理店のどちらに帰属するかが問題とされた事例です。最高裁は，以下のとおり判示しています。

「金融機関である上告人との間で普通預金契約を締結して本件預金口座を開設したのは，訴外会社である。また，本件預金口座の名義である「X保険（株）代理店Y」が預金者として訴外会社ではなく被上告人を表示しているものとは認められないし，被上告人が訴外会社に上告人との間での普通預金契約締結の代理権を授与していた事情は，記録上全くうかがわれない。

そして，本件預金口座の通帳及び届出印は，訴外会社が保管しており，本件預金口座への入金及び本件預金口座からの払戻し事務を行っていたのは，訴外会社のみであるから，本件預金口座の管理者は，名実ともに訴外会社であるというべきである。

さらに，受任者が委任契約によって委任者から代理権を授与されている場合，受任者が受け取った物の所有権は当然に委任者に移転するが，金銭については，占有と所有とが結合しているため，金銭の所有権は常に金銭の受領者（占有者）である受任者に帰属し，受任者は同額の金銭を委任者に支払うべき義務を負うことになるにすぎない。そうすると，被上告人の代理人である訴外会社が保険契約者から収受した保険料の所有権はいったん訴外会社に帰属し，訴外会社は，同額の金銭を被上告人に送金する義務を負担することになるのであって，被上告人は，訴外会社が上告人から払戻しを受けた金銭の送金を受けることによって，初めて保険料に相当する金銭の所有権を取得するに至るというべきである。したがって，本件預金の原資は，訴外会社が所有していた金銭にほかならない。

したがって，本件事実関係の下においては，本件預金債権は，被上告人にではなく，訴外会社に帰属するというべきである。訴外会社が本件預金債権を訴外会社の他の財産と明確に区分して管理していたり，あるいは，本件預

金の目的や使途について訴外会社と被上告人との間の契約によって制限が設けられ，本件預金口座が被上告人に交付されるべき金銭を一時入金しておくための専用口座であるという事情があるからといって，これらが金融機関である上告人に対する関係で本件預金債権の帰属者の認定を左右する事情になるわけではない。

　以上によれば，本件預金債権は被上告人に帰属するとは認められないというべきである。」

★ 最高裁判決平成15年6月12日・民集57巻6号563頁（普通預金について）
　債務整理事務の委任を受けた弁護士が委任事務処理のため委任者から受領した金銭を預け入れるために弁護士の個人名義で開設した普通預金口座に係る預金債権の帰属が問題となった事案では，以下のように判示されています。
「上告人甲野は，上告会社から，適法な弁護士業務の一環として債務整理事務の委任を受け，同事務の遂行のために，その費用として500万円を受領し，上告人甲野名義の本件口座を開設して，これを入金し，以後，本件差押えまで，本件口座の預金通帳及び届出印を管理して，預金の出し入れを行っていたというのである。このように債務整理事務の委任を受けた弁護士が委任者から債務整理事務の費用に充てるためにあらかじめ交付を受けた金銭は，民法上は同法649条の規定する前払費用に当たるものと解される。そして，前払費用は，交付の時に，委任者の支配を離れ，受任者がその責任と判断に基づいて支配管理し委任契約の趣旨に従って用いるものとして，受任者に帰属するものとなると解すべきである。受任者は，これと同時に，委任者に対し，受領した前払費用と同額の金銭の返還義務を負うことになるが，その後，これを委任事務の処理の費用に充てることにより同義務を免れ，委任終了時に，精算した残金を委任者に返還すべき義務を負うことになるものである。そうすると，本件においては，上記500万円は，上告人甲野が上告会社から交付を受けた時点において，上告人甲野に帰属するものとなったのであり，本件口座は，上告人甲野が，このようにして取得した財産を委任の趣旨に従って自己の他の財産と区別して管理する方途として，開設したものというべきで

ある。これらによれば，本件口座は，上告人甲野が自己に帰属する財産をもって自己の名義で開設し，その後も自ら管理していたものであるから，銀行との間で本件口座に係る預金契約を締結したのは，上告人甲野であり，本件口座に係る預金債権は，その後に入金されたものを含めて，上告人甲野の銀行に対する債権であると認めるのが相当である。したがって，上告会社の滞納税の徴収のためには，上告会社の上告人甲野に対する債権を差し押さえることはできても，上告人甲野の銀行に対する本件預金債権を差し押さえることはできないものというほかはない。」

【FAQ36】金融機関に対する預金取引の開示が問題となる事例

　被相続人の通帳等を管理している相続人がいますが，その相続人が一切預金の取引内容について，開示してくれません。その相続人は，被相続人の預金を勝手に引き出して，自分で取得していることも伺えるところです。
　このような場合に，他の相続人がその預金取引の内容を確認したい場合は，どのような手続きを取ればよいでしょうか。

　最高裁判決平成21年1月22日・民集63巻1号228頁によれば，相続人は，いわゆる共有物の保存行為として，単独で金融機関に対して取引履歴の開示を求めることができるとされています。
　上記の最高裁判決は，次のように判示しています。
　「預金者が死亡した場合，その共同相続人の一人は，預金債権の一部を相続により取得するにとどまるが，これとは別に，共同相続人全員に帰属する預金契約上の地位に基づき，被相続人名義の預金口座についてその取引経過の開示を求める権利を単独で行使することができる（民法264条・252条但書）というべきであり，他の共同相続人全員の同意がないことは，上記権利行使を妨げる理由となるものではない。」

第3

遺産の評価

I はじめに

　遺産分割にあたっては，預貯金や不動産，株式等の総遺産を相続人の具体的な相続分に応じて，相続人に分配することになるため，その前提として，遺産の評価については避けて通れないところです。

　基本的には，客観的な資料を基に当事者の合意に基づいて評価をしていくことになりますが，当事者の合意ができない場合には，裁判所の鑑定や専門委員（不動産鑑定士や公認会計士の資格を有する調停委員など）などの意見にしたがって合意を形成することもあります。

　専門委員の関与の方式としては，①意見聴取の方式（家事事件手続法264条），②3人調停委員方式（家事事件手続法248条）といって，専門委員が調停委員として関与する方法があります。

　裁判所で鑑定をする場合には，鑑定費用がかかることがありますが，費用負担については，原則として法定相続分に応じて負担することになるケースが多いところです。鑑定費用は，予め裁判所に納付することが必要となります。

II 遺産の評価の時点

　評価の時点については，実務においては，遺産分割時説に立っています。
　相続開始時を基準としてしまうと，分割時に価格の下落した遺産を取得する相続人と価格が上昇した遺産を取得する相続人の公平が保てないためです。
　もっとも，特別受益や寄与分が問題となる場合には，相続開始時を基準に，

具体的相続分を算出することになるため，相続開始時の評価も必要となる場合がありますので，注意が必要です（二時点評価）。

Ⅲ　各種遺産の評価方法

1　預　貯　金

遺産分割時の預金通帳や残高証明をとることによって，評価額を確定することになります。

2　動　　産

動産について鑑定することは，費用対効果の関係から避けたいところであり，基本的には当事者の合意によって決定することが望ましいとされています。

なお，家財道具などについては，交換価値が低いものについては，現に使用している相続人において，そのまま使用させて，遺産分割の対象から外すような取り扱いをすることもあります。

一方で，骨董品，貴金属など，高価品であり，金額的な評価について合意が得られない場合には，来歴の不確かなものについては,真贋の鑑定が必要となったり，本物であるとしても，美術品商やオークションの落札額などを参考に評価額を決定していくこととなります。

3　株　　式

（1）上場株式

上場株式は，取引相場が明らかであることから，遺産分割時に最も近接した時点での取引価格，あるいは，近接した一定期間の平均額によって算定することとされています。日経新聞など，取引所の終値に関する資料をもとに評価を確定します。

（2） 非上場株式

相続税申告書の価格を参考に合意形成を図ると簡便です。

しかし，合意が得られない場合には，会社法上の株式買取請求における価格の算定方法として採用されている，①純資産評価方式，②収益還元方式，③配当還元方式，④類似業種比準方式などの算定方法に依拠することになります。実務では，会社の実態に応じて，各種の方式を組み合わせて決定しているケースが多いところです。

この場合には，当該会社の担当税理士，会計士の意見書や鑑定が必要になることが多いです。

4 不　動　産

（1） 建　　　物

基本的には，固定資産評価額を用いて合意形成に努めることになります。

（2） 貸　　　家

家屋の評価額－（家屋評価額×借家権割合）

※　借家権割合は，国税庁の路線価図のホームページを参照します。通常，東京都などでは，借家権割合は30％ほどとされています。

（3） 借　家　権

家屋評価額×借家権割合

（4） 土　　　地

時価の70％が固定資産評価額とされていますので，固定資産評価額÷70％にて算定することが多いです。

その他，土地については，不動産業者による査定を2通以上取得したうえで，その平均値を取ることがあります。

最終的には，上記のような簡易な方法での合意が難しいようであれば，費用

や時間もかかりますが，鑑定により評価することになります。鑑定では，①取引事例比較法，②原価法，③収益還元法の3つの方法が併用して行われます。

借地権付の土地の場合には，更地価格−（更地価格×借地権割合）によって評価します。なお，借地権割合は，国税庁の路線価図のホームページを参考にしますが，概ね60〜80％とされています。

（5） 借 地 権

路線価図における借地権割合を更地価格に乗じて算定します。これも上記のとおり，国税庁のホームページを参考にします。

（6） 配偶者居住権

平成30年相続法改正⑧の項（41ページ）を参照してください。

5 債　　権

概ね，債権の額面で評価しますが，回収可能性が低い債権などについては，当事者の意見を聞いて評価の合意形成を図ることになります。

第4

遺産の取り分についての争い

I　特別受益

　共同相続人の中に，被相続人から遺贈を受けたり，生前に遺産の前渡しとなるような贈与を受けたりした者がいた場合に，相続に際して，この相続人が他の相続人と同じ相続分を受けるとすれば，不公平になるので，共同相続人間の公平を図ることを目的に，特別な受益を相続分の前渡しと見て，計算上贈与を相続財産に持ち戻して（加算して）相続分を算定することにしています（民法903条1項）。
　こうした遺贈又は贈与のことを「特別受益」といい，遺贈又は贈与の額を相続財産の中に計算上加えることを「特別受益の持戻し」といいます。
　なお，東京家裁にて特別受益の主張をする場合には，主張書式等が「東京家庭裁判所家事第5部における遺産分割事件の運用」（判例タイムズ1418号31頁以下）に引用されているため，参考となります。

1　特別受益の種類

(1)　遺　　贈
　遺言によって，遺言者の財産の全部又は一部を無償で相続人に譲渡することであり，全て特別受益となります。

(2)　生前贈与
① 　婚姻又は養子縁組のための贈与
　持参金，支度金は金額が大きければ，基本的には，特別受益となります。

もっとも，親の世間に対する社交上の出資たる性質が強い挙式費用や結納金については，特別受益に含まれないという見解が有力とされています。

　また，被相続人の資産及び生活状況に照らして，扶養の一部と認められる場合には，特別受益となりません。

　その他，相続人全員に同程度の贈与がある場合には，特別受益にあたるとしても，持戻し免除の黙示の意思表示があったものと認めるのが相当です。

② 学　　資

　被相続人の生前の資力，社会的地位，他の相続人との比較，子の資質・能力等に応じた扶養義務の履行に基づく支出とみることができるかなどの事情を考慮して，特別受益か否かを判断することになります。

【FAQ37】大学等の学費等と特別受益

　　被相続人から生前に大学等の学費について払ってもらっていた場合には，当該学費相当額については，特別受益となりますか。他の相続人も同じように大学の学費については，援助を受けています。

　大学等の学費については，親の子に対する扶養の一内容として支出されるもので，遺産の先渡しとしての趣旨を含まないものと認識するのが一般的であり，特別受益とはされないケースが多いところです（大阪高裁決定平成19年12月6日・家月60巻9号89頁）。もっとも，他の相続人が受けた教育との比較を重視して，特別受益を認めるケースもあります（宇都宮家裁審判昭和49年9月17日・家月27巻9号105頁）。

　本件では，他の相続人との対比からいっても，通常どおり，大学等の学費は，特別受益には該当しません。

③　その他の生計の資本としての贈与

　居住用の不動産の贈与又はその取得のための金銭の贈与，営業資金の贈与，借地権の贈与など，将来の生活の基礎となるような生計の基礎として役立つよ

うな財産上の給付をいいます。

①贈与の合意がなされた事実と、②それが生計の資本としてなされたことを推認させる事実が認められることが必要とされています。

生計の資本であるかどうかは、贈与金額、贈与の趣旨などからそれが将来の生活の基礎となるような資本（ある程度まとまった金額）として贈与されているかどうかを判断し、相続分の前渡しと認められる程度に高額の金員の贈与は原則として、特別受益となります。短期間で消費される金額の贈与は、それが結果的に長期間継続され、合計額が多額でも「生計の資本としての贈与」があったとはいえない場合が多いです。

【FAQ38】債務の肩代わりと特別受益

相続人の一人が多額の債務を抱えており、被相続人が生前にそれを肩代わりして払ってくれていました。そのような場合には、当該被相続人の一部の相続人の債務に対する肩代わりは特別受益として判断されますか。

被相続人が相続人の債務を肩代わりして支払っただけでは、通常は、被相続人は、その相続人に対して求償することができるので、それだけでは、特別受益にはあたらないとされています。

もっとも、被相続人が相続人に対する求償権を放棄した場合で、肩代わりした債務の金額が遺産の前渡しといえるほどに高額であれば、特別受益にあたります。

本件でも、求償権を免除したという事情がなければ、特別受益になりません。

★ 高松家裁丸亀支部審判平成3年11月19日・家月44巻8号40頁

「申立人の夫が勤務先で不祥事を起こしたので、同夫の身元保証をしていた被相続人はその責任を問われ、右勤務先等に対し、遅くとも昭和40年までに少なくとも300万円を支払った（○○○○○、○○○の各上申書）。**被相続人は申立人の夫に対し、右支払い金額を請求することがなかったと認められるので、そのころ申立人の家族の幸せのためその支払いを免除したものと解される。**

ところで，被相続人の右金銭の支払いは，自己の身元保証契約上の債務を履行したものであるから，それ自体は申立人に対する「生計の資本としての贈与」とは解することができないけれども，申立人の夫に対する求償債権の免除は，申立人に対する「相続分の前渡し」としての「生計の資本としての贈与」と解するのが相当である。

　右免除額 300 万円の相続時の金銭評価額は 997 万円である。（昭和 40 年の消費者物価指数を 28.3 としたとき，同 57 年のそれは 94.1 である）。」

【FAQ39】生命保険金の受領と特別受益

　相続人の一人が生命保険金の受取人となっている場合は，それは特別受益として判断すべきですか。相続財産が全部で 6,000 万円位になりますが，相続人の一人である，Xさんが取得した生命保険金額は 5,000 万円に上っています。

　死亡保険金は原則として，特別受益にあたりませんが，例外的に，保険受取人である相続人とその他の共同相続人との間に生ずる不公平が民法 903 条の趣旨に照らし，到底是認することができないほどに著しいものであると評価すべき特段の事情が存する場合には，同条の類推適用により，死亡保険金が特別受益に準じて持戻しの対象となります。

　上記の特段の事情の有無については，「保険金の額，この額の遺産の総額に対する比率のほか，同居の有無，被相続人の介護等に対する貢献の度合いなどの保険金受取人である相続人及び他の共同相続人と被相続人との関係，各相続人の生活実態等の諸般の事情を総合考慮して判断されます（最高裁決定平成 16 年 10 月 29 日・民集 58 巻 7 号 1979 頁）。

　本件の設例では，遺産の額の 6 分の 5 を占めるものであり，保険金の額，この額の遺産の総額に対する比率からすれば，特別受益に該当する可能性が極めて高いものと考えられます。

　以下の裁判例等に鑑みても，特別受益に該当するものと見られる可能性が高いです。

★ 東京高裁決定平成17年10月27日・家月58巻5号94頁

「被相続人が契約した○○生命保険（1）（2）（保険金額各5000万円）につき受取人となることで，固有の権利として死亡保険金請求権を取得し保険金を受領したものであり，これは民法903条1項に規定する遺贈又は贈与に当たらないと解されるが，「保険金受取人である相続人とその他の共同相続人との間で生ずる不公平が民法903条の趣旨に照らし到底是認することができないほどに著しいものであると評価すべき特段の事情が存する場合には，同条の類推適用により，当該死亡保険金請求権は特別受益に準じて持戻しの対象となると解するのが相当である。」（最高裁平成16年10月29日決定民集58巻7号1979頁）。本件においては，抗告人が○○生命保険（1）（2）により受領した保険金額は合計1億0129万円（1万円未満切捨）に及び，遺産の総額（相続開始時評価額1億0134万円）に匹敵する巨額の利益を得ており，受取人の変更がなされた時期やその当時抗告人が被相続人と同居しておらず，被相続人夫婦の扶養や療養介護を託するといった明確な意図のもとに上記変更がなされたと認めることも困難であることからすると，一件記録から認められる，それぞれが上記生命保険金とは別に各保険金額1000万円の生命保険契約につき死亡保険金を受取人として受領したことやそれぞれの生活実態及び被相続人との関係の推移を総合考慮しても，上記特段の事情が存することが明らかというべきである。したがって，○○生命保険（1）（2）について抗告人が受け取った死亡保険金額の合計1億0129万円（1万円未満切捨）は抗告人の特別受益に準じて持戻しの対象となると解される。」

★ 名古屋高裁決定平成18年3月27日・家月58巻10号66頁

死亡保険金等の受取金額が5154万0864円とかなり高額であること，**遺産の相続開始時の価格の61％，遺産分割時の価格の77％に上ること**，被相続人と申立人との婚姻期間は3年5ヶ月程度であることなどを総合考慮すると，特段の事情があるとして，当該死亡保険金は民法903条の類推適用により持戻しの対象となると解するのが相当であるとしました。

★ 大阪家裁堺支部審判平成18年3月22日・家月58巻10号84頁

「申立人は、「相手方Bの受領した上記死亡保険金428万9134円は、相手方Bの特別受益に当たる。」旨主張する。しかしながら、簡易保険契約に基づき保険金受取人とされた相続人が取得する死亡保険金請求権又はこれを行使して取得した死亡保険金は、民法903条1項に規定する遺贈又は贈与に係る財産に当たらないと解するのが相当であるし、相手方Bが受領した死亡保険金は合計428万9134円であるところ、これは被相続人の相続財産の額6963万8389円の6パーセント余りにすぎないことや、後記第5の1（1）のとおり、相手方Bは、長年被相続人と生活を共にし、入通院時の世話をしていたことなどの事情にかんがみると、保険金受取人である相手方Bと他の相続人との間に生ずる不公平が民法903条の趣旨に照らして到底是認することができないほどに著しいものであると評価すべき特段の事情が存在するとは認め難いから、同条の類推適用によって、相手方Bの受領した上記死亡保険金428万9134円を、特別受益に準じて持ち戻しの対象とすべきであるとはいえない（最高裁平成16年10月29日決定・民集58巻7号1979頁参照）。」

（参考）【特別受益に該当した場合の保険金の持戻し額の計算】

死亡保険金が特別受益として持戻しの対象となる場合の持戻し金額は、「保険金受取人が取得した金額のうち、保険料負担者である被相続人において、その死亡時までに払い込んだ保険料の保険料全額に対する割合を保険金に乗じて得た金額」が通説とされています。

【FAQ40】死亡退職金と特別受益

相続人の一人である配偶者が死亡退職金を受け取りました。他の相続人からすると、これは特別受益にあたるとして主張したいところですが、特別受益として判断することができますか。

死亡退職金は、受給権者の範囲及び順位が民法の規定する相続人の順位決定の原則とは著しく異なっており、もっぱら死亡した被相続人の収入に依存して

いた遺族の生活保障を目的としていることなどに照らすと，相続財産にはならず，遺族固有の権利とするのが判例の考え方とされています。これらのことを考慮すると，持戻しの対象とするべきではなく特別受益性を否定することが多いとされているところです。

　もっとも，裁判例では，特別受益性を否定した例が多いですが（大阪家裁審判昭和53年9月26日・家月31巻6号33頁，東京高裁決定昭和55年9月10日・判タ427号159頁），特別受益性を肯定した裁判例（広島高裁岡山支部決定昭和48年10月3日・家月26巻3号43頁）もあるので，注意を要します。

★　大阪家裁審判昭和53年9月26日・家月31巻6号33頁
　「死亡退職金並びに生命保険金（以下死亡退職金等という。）は，叙上のようにいずれもXの死亡により原始的に受給権者または保険金受取人（以下受給権者等という。）たるYが取得したものであり，したがつてXがYに対し死亡退職金等を遺贈したといえないことはいうまでもない。にもかかわらず死亡退職金等が遺産分割において民法九〇三条の特別受益性を云々されるのは，要するに共同相続人間の実質的公平という観点が強調されるがためにほかならない。そして，死亡退職金等が共同相続人の一人に帰属した場合，それを特別受益として考慮に入れないと，共同相続人間の実質的公平を欠くに至ることが多いと考えられるが，他方，逆に，相続人の地位（配偶者か，直系卑属か，直系尊族か，兄弟姉妹か），共同相続人間の身分関係（配偶者と直系卑族か，配偶者と直系尊属か等），被相続人と相続人との生活関係の実態（親疎，濃淡等），相続人の遺産の形成維持に対する寄与の有無・程度・態様，相続人各自の生活の現状等諸般の事情を勘案した場合，死亡退職金等を特別受益として考慮に入れることにより，かえつて共同相続人間の公平を欠くに至る場合も考えられないわけではない。ことに，**死亡退職金は受給権者の生活保障機能を強く帯有し，また生命保険金についても，保険金受取人を配偶者と指定している場合には，死亡配偶者は自己の死後生存配偶者に対する生活保障を企図している場合が多いものと推測され，いずれの場合にも死亡退職金等は生存配偶者の生活保障の意義を有することが多いのである**

が，これらについては被相続人の死亡によりはじめてその権利が具体化するために，仮にそれらを特別受益と考えた場合においては，通常の贈与，遺贈の場合と異なり，被相続人において持戻免除の意思表示をする機会がないので，機械的，形式的にこれらを特別受益として持戻した場合には，具体的事情如何によつては，死亡退職金等の有する受給権者等の生活保障的機能を著しく減殺または没却する惧れなしとせず，かくては死亡退職金等の趣旨・機能並びに被相続人の意思に背馳することとなるのである。これを要するに，共同相続人の一人が取得した死亡退職金等については，遺産分割審判において，原則として民法九〇三条に規定する遺贈に準じ，特別受益と考えるべきであるが，これらを特別受益とすることにより，共同相続人間の実質的公平を損うと認められる特段の事情のある場合には，特別受益性を否定するのが相当であると解すべきである。

　叙上の見地にたつて本件をみるに，既に認定したように，本件遺産形成の過程において，YはXに対し通常の夫婦の協力扶助を超える協力寄与をなしており，かつ本件のように亡Xとの間に子のない場合においては，とくに死亡退職金等は生存配偶者たるYの爾後の生活保障的機能を有するものであること，これに対し，Zにはみるべき協力寄与はなく，かつその老後の生活は長男であるA等の援助等により十分保障されていること，もし仮に本件において死亡退職金等（合計九五〇万七，五四〇円）を特別受益として持戻した場合には，遺産の総評価額は前叙のように四五〇万円であるから，結局Yの具体的相続分は零となり，本件遺産はすべてZの取得となるわけであるが，この場合Yが現住土地家屋のすべてを自らの所有とするためには，一応四五〇万円という対価が必要となるところ（もつとも，これもZが四五〇万円でその権利を譲渡する気持ちになればという仮定にたつたうえでのことであるが），Y自身の固有財産として，前叙死亡退職金等を除き，みるべきものがない本件においては，死亡退職金等の半分近くをその支払いにあてなければならないこととなり，かくては，死亡退職金等の生活保障的機能が著しく減殺され，結局は額に汗して働いた者に酷な結果を招来することになる

こと（Z死亡の時において，Yに代襲相続権が認められていないことも，結果の不当性を増大する一因といえよう。）等の諸事情が認められ，その他相続人の地位，共同相続人間の身分関係等もあわせ考えれば，本件においては，前叙死亡退職金等を特別受益とすることが共同相続人間の実質的公平を損う特段の事情があるものというべきであり，したがつて，本件においては，死亡退職金等は特別受益ではないと考えるべきである。」

★ 広島高裁岡山支部決定昭和48年10月3日・家月26巻3号43頁

「○○会病院の職員退職金給与規定，役員功労金規定，同病院長の報告書によると，右各金員は民法の相続規定と異つた範囲および順位によつて遺族に支給されることが認められるので，遺族たる受給権者が固有の権利として取得するものであつて，遺産には属しないものと解すべきである。しかし右金員はいずれも被相続人の生前の労働，貢献に対する対価であり，殊に退職金は賃金の後払い的性格を有し，その実質は遺産に類似するものであるから共同相続人間の公平をはかるために，これを特別受益とみるのが相当である。」

【FAQ41】遺族給付と特別受益

相続人の一人である配偶者が，法律等に基づき，遺族年金，弔慰金等の遺族給付を受け取りました。他の相続人からすると，これは特別受益にあたるとして主張したいところですが，特別受益として判断することができますか。

遺族給付も死者と一定の関係の親族に対して支払われる給付金であり，民法上の相続順位とは独立の考え方に基づいてその受給権者の範囲及び順位が法定されていること，受給権者の死亡により，受給権が消滅することなどに照らすと，相続財産に含まれず，特別受益性も否定することが多いです。一方，死亡退職金と同様に共同相続人間の公平性を考慮して，特別受益にあたると認めた裁判例（神戸家裁審判昭和43年10月9日・家月21巻2号175頁，東京地判昭和55年9月19日・家月34巻8号74頁）もあるため，注意を要します。

★ 東京地裁判決昭和55年9月19日・家月34巻8号74頁

「通常，弔慰金は，主として死亡退職金的性格のものか又は遺族の生活保障

的性格を有するものであるが、本件におけるAは本件会社の代表取締役として終始会社経営にあたつて来たものであり、かつ、右死去に際して支払われた弔慰金がかなり高額であることを鑑みると、Aの生前の会社経営に対する功労報酬的性格をも帯有しているものと考えられる。したがつて他の相続人間の公平も考慮すべきであるから、右弔慰金は遺贈に準ずるものとして民法九〇三条の特別受益にあたるものと認めるのが相当である。」

★ 神戸家裁審判昭和43年10月9日・家月21巻2号175頁

「相手方が取得した○○銀行特別弔慰金二四〇万円は、遺族の生活保障的性格を持つものであつて、遺族たる相続人や遺族たる包括受遺者が数名あるときはその間の公平を考慮する必要がある。そして被相続人は自分の死亡により遺族がこれを受けることを承知してその職に在つた者であるから、両者の関係は遺贈に準ずるものとして民法九〇三条の特別受益にあたるものと認めるのが相当である。よつて相手方は同額の特別受益を得たものとしてその相続分を計算することになる。」

【FAQ42】使用借権と特別受益

相続人の一人が、遺産の土地に被相続人の許諾を得て、建物を建てて、無償で土地を使用していたという場合に、この使用借権については、特別受益にあたりますか。

相続開始時における遺産土地についての使用借権は、生計の資本としての贈与として特別受益になります。遺産土地については、使用借権減価をしたうえ、使用借権評価額相当の利益を無償使用してきた相続人の特別受益として持戻し、結局、更地評価になるという考え方で処理することになります。

さらに、使用借権の設定された遺産不動産を使用借主たる相続人が無償使用していたことにより、相続人は通常であれば、負担を余儀なくされたはずの地代相当分につき、利益があり、これが特別受益となるという見解もあります。しかし、実務的には、特別受益は、遺産の前渡し分を遺産分割の際に考慮して持戻し計算する制度であるから、相続開始時の遺産の減少分、つまり使用借権

相当額が特別受益額であり、遺産の価値とは関わらない地代相当額は特別受益額とはならないという見解に立っています（東京地裁判決平成15年11月17日・判例タイムズ1152号・241頁）。

【FAQ43】被相続人の建物の無償使用と特別受益

相続人の一人が被相続人の建物に無償で居住していた場合は、占有する相続人に建物についての賃料相当額の特別受益が認められますか。

相続人の一人に独立の占有があったとしても、被相続人がそれを持戻すことを予定していないのが通常と考えられるため、建物についての賃料相当額は特別受益となる場面はあまり想定されないと考えられます。また、相続人が被相続人と同居していたが、単なる占有補助者であれば、使用借権自体も認められず、特別受益にはなりません。

【FAQ44】相続人以外の者への贈与等が特別受益になる場合

被相続人が相続人である私ではなく、私の配偶者であり、相続人ではない妻に多額の現金を贈与した場合に、これは、特別受益になる余地はありませんか。

名義上は、相続人ではなく、相続人の配偶者への贈与であっても、実質は相続人に対して直接贈与されたと認められる時には、これを相続人の特別受益とみるのが相当とされています（福島家裁白川支部審判昭和55年5月24日・家月33巻4号75頁）。

上記の審判においては、「贈与の経緯、贈与された物の価値、性質、これにより相続人の受けている利益などを考慮し、実質的には相続人に直接贈与されたのと異ならないと認められる場合には、たとえ相続人の配偶者に対してなされた贈与であってもこれを相続人の特別受益とみて、遺産の分割をすべきである。」としています。

【ＦＡＱ４５】被代襲者への贈与と代襲者の特別受益

　被相続人の長男へ海外留学費用などのために現金を贈与していたのですが，被相続人が亡くなる前に贈与を受けた長男が亡くなってしまいました。長男の子が代襲相続人として相続人となった場合は，代襲相続人に特別受益は認められますか。

　被代襲者が被相続人から贈与を受けていた場合に，代襲者が被相続人との関係で特別受益者となるのは，代襲者が現実に当該贈与による利益を受けていた場合のみであるとした裁判例があります（徳島家裁審判昭和52年3月14日・家月30巻9号86頁）。そのため，海外留学費用によって経済的利益を得たのは，あくまで被代襲者であって，代襲相続人は直接利益を受けていないため，代襲相続人にとっては，特別受益として認められないことになります。

【ＦＡＱ４６】代襲者への贈与と特別受益

　被相続人の長男の子へ海外留学費用などのために現金を贈与していたのですが，被相続人が長男の子へ海外留学費用を贈与した後に，長男が亡くなりました。代襲相続人が相続人となった場合は，代襲相続人である長男の子に特別受益は認められますか。

　結論としては，裁判例が分かれています。

　共同相続人間の公平を重視し，受益の時期にかかわらず代襲者の持戻義務を肯定する裁判例（鹿児島家裁審判昭和44年6月25日・家月22巻4号64頁），代襲者が特別受益者とされるのは，当該代襲者が推定相続人となった後に贈与を受けた場合に限るとする裁判例（大分家裁審判昭和49年5月14日・家月27巻4号66頁）があります。

　相続人間の公平という観点からいうと，受益の時期にかかわらず，特別受益性を肯定するという見解が妥当かと思料されます。

【ＦＡＱ４７】養子縁組前の養子への贈与と特別受益

　被相続人はＡを養子としましたが，Ａと養子縁組をする前にＡに対して，

海外留学費用などのために現金を贈与していました。Ａが養子縁組前に被相続人から贈与を受けた財産についても，特別受益となりますか。

共同相続人間の遺産分割に関する公平の理念に立脚していることから，特別受益となります（神戸家裁審判平成11年4月30日・家月51巻10号135頁）。

【ＦＡＱ48】再転相続と特別受益

相続が開始して，遺産分割が未了のまま，その相続人が死亡したという，いわゆる再転相続の場合に，二次被相続人から特別受益を受けた相続人がいる場合は，第二次被相続人からの特別受益について持戻すことを要しますか。

持戻すことを要します。

第二次被相続人が取得した第一次被相続人の遺産についての相続分に応じた共有持分権は，実体法上の権利であって，第二次被相続人の遺産として遺産分割の対象となり，第二次被相続人からの特別受益を受けた者がある時は，その持戻しをして具体的相続分を算定しなければならないとされています（最高裁決定平成17年10月11日・民集59巻8号2243頁）。この場合には，第二次被相続人についても遺産分割の申立てが必要になります。

★ 最高裁決定平成17年10月11日・民集59巻8号2243頁

「遺産は，相続人が数人ある場合において，それが当然に分割されるものでないときは，相続開始から遺産分割までの間，共同相続人の共有に属し，この共有の性質は，基本的には民法249条以下に規定する共有と性質を異にするものではない（最高裁昭和28年（オ）第163号同30年5月31日第三小法廷判決・民集9巻6号793頁，最高裁昭和47年（オ）第121号同50年11月7日第二小法廷判決・民集29巻10号1525頁，最高裁昭和57年（オ）第184号同61年3月13日第一小法廷判決・民集40巻2号389頁参照）。そうすると，共同相続人が取得する遺産の共有持分権は，実体上の権利であって遺産分割の対象となるというべきである。

本件におけるＡ及びＢの各相続の経緯は，Ａが死亡してその相続が開始し，次いで，Ａの遺産の分割が未了の間にＡの相続人でもあるＢが死亡してその

相続が開始したというものである。そうすると，Bは，Aの相続の開始と同時に，Aの遺産について相続分に応じた共有持分権を取得しており，これはBの遺産を構成するものであるから，これをBの共同相続人である抗告人及び相手方らに分属させるには，遺産分割手続を経る必要があり，共同相続人の中にBから特別受益に当たる贈与を受けた者があるときは，その持戻しをして各共同相続人の具体的相続分を算定しなければならない。」

2 持戻し免除の意思表示

特別受益に該当するとしても，被相続人が持戻し免除の意思表示をしたと評価できる場合には，その意思表示に従うこととされています（改正民法903条3項参照）。

持戻し免除の意思表示については，明示であると黙示であるとは問わず，必ずしも贈与等と同時に意思表示がなされる必要もないとされており，特別な方式が要求されていません。そのため，遺言等で明示的になされればわかりやすいのですが，実務的には，黙示の意思表示でなされることが多く，特別受益に該当するとしても，どのような場合に，持戻し免除の意思表示があったのかが争点となることが多いです。

生前贈与や遺贈がなされた動機，背景のほか，諸般の事情から，共同相続人のうちで，特別受益を受けた者だけに当該受益を与えることに合理的な事情があり，共同相続人間の公平を害するとはいえないということであれば，持戻し免除の黙示の意思表示があったものと判断されるケースが多いとされています

主な例としては，①自立の困難な相続人への配慮があったと認められるような場合，②相続人による寄与・貢献の評価がある場合，③農業・自営業など後継者への配慮がある場合などが挙げられます。

平成30年相続法改正⑨　持戻し免除の意思表示の推定(配偶者保護の方策)（民法903条3項・4項）

配偶者の死亡により残された他方配偶者の生活保障をより厚くする制度とし

て，婚姻期間が20年以上の夫婦の一方配偶者が，他方配偶者に対し，居住用不動産等を贈与した場合には，持戻し免除の意思表示があったものと推定する規律が設けられました。

［成立要件］
① 婚姻期間が20年以上の夫婦による贈与等であること
② 贈与等の対象物は居住用不動産（土地・建物）であること
③ 遺贈又は贈与によること

なお，民法903条第3項は，従前は，「被相続人が前二項の規定と異なった意思を表示したときは，その意思表示は，遺留分に関する規定に違反しない範囲で，その効力を有する。」と規定されていましたが，下記の条文のとおり，「被相続人が前二項の規定と異なった意思を表示したときは，その意思に従う。」とされ，遺留分の侵害に関する部分は削除されました。しかし，被相続人が持戻し免除の意思表示をしたときでも，当該特別受益が他の相続人の遺留分を侵害する場合は「遺留分を算定するための財産の価額」に算入されることになるため（改正民法1044条3項参照），相続人に対して贈与をして，当該相続人の特別受益について持戻し免除の意思表示をしたとしても，他の相続人の遺留分を侵害する場合には，遺留分侵害額請求の対象となると解されています。

改正民法903条

> （特別受益者の相続分）
> 第九百三条　共同相続人中に，被相続人から，遺贈を受け，又は婚姻若しくは養子縁組のため若しくは生計の資本として贈与を受けた者があるときは，被相続人が相続開始の時において有した財産の価額にその贈与の価額を加えたものを相続財産とみなし，第九百条から第九百二条までの規定により算定した相続分の中からその遺贈又は贈与の価額を控除した残額をもってその者の相続分とする。
> 2　遺贈又は贈与の価額が，相続分の価額に等しく，又はこれを超えるときは，受遺者又は受贈者は，その相続分を受けることができない。
> 3　被相続人が前二項の規定と異なった意思を表示したときは，その意思に従う。
> 4　婚姻期間が二十年以上の夫婦の一方である被相続人が，他の一方に対し，その居住の用に供する建物又はその敷地について遺贈又は贈与をしたときは，当該被相続人は，その遺贈又は贈与について第一項の規定を適用しない旨の意思表示をしたものと推定する。

【FAQ49】持戻し免除の意思表示

　被相続人は，妻には何らの資産もなく，老後の生活の安定が必要であろうと，土地の5分の4を贈与しました。被相続人は，妻が被相続人に献身的に尽くし，財産の形成に寄与してきたという側面も考慮して，当該土地の持分を贈与したという場合に，持戻しの免除は認められますか。

　このような場合には，特別受益の持戻しの免除が認められる可能性があります。

　もっとも，特別受益の持戻しの免除をしている場合は，これにより妻の寄与は報いられているため，別途，寄与分を主張することは難しいケースが多いものと考えられます。

★ 東京高裁決定平成8年8月26日・家月49巻4号52頁

　「別紙遺産目録一1記載の土地（持分5分の4）の抗告人Xへの贈与は，抗告人Xの長年にわたる妻としての貢献に報い，その老後の生活の安定を図るためにしたものと認められる。そして，記録によると，抗告人Xには，他に老後の生活を支えるに足る資産も住居もないことが認められるから，右の贈与については，Yは，暗黙のうちに持ち戻し免除の意思表示をしたものと解するのが相当である。・・・

　Xが，妻として長年にわたる貢献をしてきた事実は認められるが，上記の贈与によってXが得た利益を超える寄与があった事実は認めることができない。」

【FAQ50】持戻し免除の意思表示

　共同相続人のうちのXさんのみに，法定相続分をはるかに超える農地その他の不動産を贈与しており，被相続人と同居し，一緒に耕作に従事し，農業を継がせようとしていた場合に，他の相続人は，これを特別受益として主張することはできますか。

　被相続人としては，Xさんに自分の経営してきた農業を継がせる意思があったことが見受けられることなどからすれば，被相続人は，Xに対するこれらの持戻

し免除の意思を表示していたものと認めることができる可能性があります。

　なお，裁判例では，このような農地の後継者としての贈与に加えて，日付を欠くために無効となった自筆証書遺言に全財産をＸに譲渡する旨の記載があったことなどを加味して，持戻しの免除を認めたものがあります（福岡高裁決定昭和 45 年 7 月 31 日・家月 22 巻 11 ～ 12 合併号 91 頁）。

　「被相続人が作成したと認むべき右遺言書の記載，原審における証拠を総合すると，被相続人は，本籍地において農業を経営してきたものであるが，昭和三五年二月二九日までの間数回にわたりその三男である抗告人に対し原審判添付目録記載の田，山林，原野，宅地及び居住家屋（右物件の相続開始時における評価額は金三九三万七，〇五〇円）を贈与したこと。右物件は金額にして被相続人の所有していた不動産の約三分の二に相当し，抗告人の法定相続分をはるかにこえるものであること，被相続人の長男であつた相手方Ｘは，当時被相続人とは独立し肩書住所に居住して瓦製造業を営んでいたこと，同人の二男であるＹもまた被相続人とは独立して別居し，当時郵便局に勤務して農業には従事していなかつたこと，抗告人は当時被相続人及びその妻Ｚと同居して農耕に従事していたものであることを認めることができ，右事実によれば，被相続人は自己の営んできた農業を抗告人に継がせる意思であつたことを推認することができる。しかして，これら認定事実によれば，被相続人は本件右物件を抗告人に贈与するに際し，これらの特別受益の持戻免除の意思を表示していたものと認めるのが相当である。」

【ＦＡＱ５１】持戻し免除の意思表示と遺留分

　持戻しの免除の意思表示があったとしても，相続人の遺留分を侵害しているようなケースは，どのように判断をしますか。

　遺留分制度が被相続人の財産処分の自由を制限し，相続人に被相続人の財産の一定割合の取得を保障することを趣旨とするものであることに鑑みれば，被相続人が特別受益に当たる贈与につき，持戻し免除の意思表示をしていた場合であっても，当該贈与財産の価格は，遺留分算定の基礎となる財産に算入され

ることになります。

　この場合，遺留分減殺請求がなされた場合には，持戻し免除の意思表示は遺留分を侵害する限度で失効し，当該贈与に係る財産の価格は，その限度で遺留分権利者である相続人の相続分に加算され，当該贈与を受けた相続人の相続分から控除されるという運用となっています（最高裁決定平成24年1月26日・判タ1369号124頁）。

II 寄 与 分

1 意　　義

　共同相続人中に，被相続人の財産の維持又は増加に特別の寄与（通常期待される程度を超える貢献）をした者があるときに，相続財産からその者の寄与分を控除したものを相続財産とみなして相続分を算定し，その算定された相続分に寄与分を加えた額をその者の相続分とすることによって，その者に相続財産のうちから相当額の財産を取得させ，共同相続人間の公平を図る制度です（民法904条の2）。

　寄与分については，協議で定めることができますが，協議が整わない場合には，遺産分割調停などとは別に寄与分を定める調停ないし審判を家庭裁判所に申し立てる必要があります。実務的には，寄与分の認定については，非常にハードルが高いものとされています。

　なお，東京家裁において寄与分の主張をする場合には，主張書式等が「東京家庭裁判所家事第5部における遺産分割事件の運用」（判例タイムズ1418号36頁以下）に引用されていますので，参考となります。

2 要　　件

① 被相続人生存中における相続人自身の寄与であること
　→　相続人の配偶者，子などの寄与を当該相続人の履行補助者として，相続

人の寄与と評価することがあります。

② 特別の寄与であること
→ 身分関係や親族関係から通常期待される以上の寄与が必要であり，たとえば，通常の夫婦の協力扶助義務の範囲内のものなどは，寄与にはあたりません。また，一定期間に及んでいるなど継続性があり，かつ，片手間でないなどの専従性などが求められる場合があります。

③ 無償性
→ 完全に無償でなくても，世間一般並みの労働報酬に比べて著しく少額であれば，認められることはありえます。

④ 寄与行為と被相続人の遺産の維持又は増加との間に因果関係があること

【FAQ52】相続人でない者の寄与

被相続人は脳梗塞で倒れてしまいましたが，相続人Xは会社員であり，なかなか日中の介護はできなかったものの，Xの配偶者であるYがXに代わって日中，入浴の介助などの日常的な介護の他に失禁の対処など10数年にわたって続けてきました。このような場合には，Yの功労はYが相続人でない以上は，寄与分として評価されないのでしょうか。

民法は，寄与分権者を相続人に限定しています。

寄与分が共同相続人間の公平を図る制度であることからすれば，相続人以外のYの寄与については，認められないようにも思われます。

もっとも，実務においては，共同相続人以外の者がした貢献を共同相続人自身の貢献とみなし，当該相続人の寄与分として主張することができる場合があります。

たとえば，東京高裁決定平成22年9月13日・家月63巻6号82頁の事案は，被相続人が，相続人Xの妻Yが嫁いでまもなく，脳梗塞を発症して入院し，付添に頼んだ家政婦が被相続人の過大な要望に耐えられず，相続人の妻が入浴の介助など日常的な介助や毎晩の失禁の対処など多くの時間を費やしたものですが，次のとおり判示しました。

「妻Yによる被相続人の入院期間中の看護，その死亡前約半年間の介護は，本来家政婦などを雇って被相続人の看護や介護に当たらせることを相当とする事情の下で行われたものであり，それ以外の期間についてもYによる入浴の世話や食事及び日常の細々した介護が13年余りにわたる長期間にわたって継続して行われたものであるから，Yによる被相続人の介護は，同居の親族の扶養義務の範囲を超え，相続財産の維持に貢献した側面があると評価することが相当である。・・・

そして，Yによる被相続人の介護は，相続人Xの履行補助者として相続財産の維持に貢献したものと評価でき，その貢献の程度を金銭に換算すると，200万円を下ることはないというべきであるから，この限度で相続人Xに関する寄与分の主張については理由がある。」

以上のような裁判実務を前提とすると，本件においても，Yの功労はYが相続人ではないにしても，相続人Xの履行補助者として，Xの寄与分として認めることは可能と思われます。

なお，相続人の配偶者，子の寄与行為が相続人の寄与行為として認められる事案としては，①相続人の子が相続人と共に被相続人の家業に無報酬で従事し，財産の維持，形成に特別の貢献をしたような場合，②会社員である相続人に代わって，相続人の配偶者が家業である農業に無報酬で従事し，財産の維持形成に貢献をしたような場合などが挙げられます。

平成30年相続法改正⑩　相続人以外の特別の寄与（民法1050条）

上記のように，相続人以外の親族の寄与については，相続人の履行補助者などとして相続人の寄与分として認めるなどの調整ができる場合がありましたが，原則的には，寄与分権者については，従前は相続人に限定されており，療養看護などを全く行わなかった相続人が遺産の分配を受ける一方で，実際に療養看護等に努めた者が相続人でないという理由でその分配を受けられないことは不公平であるという批判がありました。

そのため，相続人以外の親族が被相続人の療養看護その他の労務を提供する

などの貢献をした場合に，特別寄与料の支払請求権を確保させる改正がなされました。

［特別寄与者となり得る者］

　　被相続人の親族（6親等内の血族，配偶者，及び3親等内の姻族）のうち，被相続人の相続人でない者（相続放棄者，欠格事由該当，廃除によって相続権を失った者については，対象外）

［請　求　方　法］

　　寄与に応じた額の金銭（特別寄与料）を相続人に対して請求することができます。

　　当事者間で協議がまとまらない場合には，家庭裁判所に対して，協議に代わる処分を求めることができるとされています。

［特別寄与料の額］

　　特別寄与料の額は，被相続人が相続開始時に有した財産の価額から遺贈の価額を控除した残額の範囲内においてのみ認められ，特別寄与者が複数いても，それぞれの請求額を合算し，この範囲でのみ認められることになります。

［権利行使期間］

　　特別寄与者が家庭裁判所に対し，協議に代わる処分を求めるにあたっては，特別寄与者が相続の開始及び相続人を知った時から6か月以内，かつ，相続開始時から1年以内に行わなければなりません。

［特別の寄与に基づいて被相続人の財産が維持され，また増加したこと］

　　特別の寄与は，相続人が寄与分を請求する場合には，「寄与の程度が被相続人と相続人の身分関係に基づいて，通常期待される程度の貢献を超える高度なものであること」を意味すると解されていますが，本条での特別寄与者は相続人ではないため，「特別の」という文言は，貢献の程度が一定程度を超えることを要求する趣旨のものと解されており，身分関係に応じた相対的な基準ではなく，絶対的な基準での一定の貢献をしたものといえるかが問題となります。

［無　償　性］
　　相続人の寄与分制度と同様に，被相続人から対価を得ていないことが必要となります。

【FAQ53】被代襲者の寄与と代襲相続人の寄与分
　　被代襲者である父が被相続人に寄与をしていたのですが，代襲相続人である私は，被代襲者の父の寄与について寄与分を主張することができますか。
　　共同相続人の衡平の見地から肯定されています。
★ 東京高裁決定平成元年12月28日・家月42巻8号45頁
　　「寄与分制度は，被相続人の財産の維持又は増加につき特別の寄与をした相続人に，遺産分割に当たり，法定又は指定相続分をこえて寄与相当の財産額を取得させることにより，共同相続人間の衡平を図ろうとするものであるが，共同相続人間の衡平を図る見地からすれば，被代襲者の寄与に基づき代襲相続人に寄与分を認めることも，相続人の配偶者ないし母親の寄与が相続人の寄与と同視できる場合には相続人の寄与分として考慮することも許されると解するのが相当である。」

【FAQ54】代襲相続人の寄与と寄与分
　　代襲相続人である私が，代襲原因が発生する前に被相続人へ寄与行為をしていた場合には，寄与分を主張できますか。
　共同相続人の衡平の見地からすれば，代襲相続人は，代襲原因の発生時期の前後を問わず，代襲者自身の寄与行為について寄与分を主張できます。

【FAQ55】寄与行為の時期
　　相続が開始されてから，被相続人の財産を高める貢献をしたのですが，これを寄与分として評価してもらうことはできるのでしょうか。
　寄与行為は相続開始までの行為に限られ，その後になされた行為については，認められないとされています（東京高裁決定昭和57年3月16日・家月35巻

7号55頁)。相続開始後に遺産の維持管理のための支出は，共同相続人間の費用負担や償還の問題になります。

【FAQ56】寄与分と遺留分の関係

相続人の寄与分が大きいため，他の共同相続人の遺産取得額が遺留分を大きく下回ってしまう場合は，寄与分のほうが優先することになるのでしょうか。

寄与分と遺留分に関する明文の規定はないところですが，遺留分を侵害するような寄与分の定めは妥当ではなく，共同相続人の遺留分に十分配慮しなければならないとされています。

★ 東京高裁決定平成3年12月24日・判例タイムズ794号215頁)

「寄与分の制度は，相続人間の衝平を図るために設けられた制度であるから，遺留分によって当然に制限されるものではない。しかし，民法が，兄弟姉妹以外の相続人について遺留分の制度を設け，これを侵害する遺贈及び生前贈与については遺留分権利者及びその承継人に減殺請求権を認めている（一〇三一条）一方，寄与分について，家庭裁判所は寄与の時期，方法及び程度，相続財産の額その他一切の事情を考慮して定める旨規定していること（九〇四条の二第二項）を併せ考慮すれば，裁判所が寄与分を定めるにあたっては，他の相続人の遺留分についても考慮すべきは当然である。確かに，寄与分については法文の上で上限の定めがないが，だからといって，これを定めるにあたって他の相続人の遺留分を考慮しなくてよいということにはならない。むしろ，先に述べたような理由から，寄与分を定めるにあたっては，これが他の相続人の遺留分を侵害する結果となるかどうかについても考慮しなければならないというべきである。」

3　寄与行為の類型

ここでは，寄与分が認められる類型ごとに，事例をもとに説明していくこととします。

（１）　家業従事型
【ＦＡＱ５７】被相続人の営む会社への労務提供

　　被相続人が一人でやっていた会社に何十年にもわたって，著しく安い賃金で勤務をしてきました。このような場合には，被相続人の遺産分割において，寄与分を主張することはできますか。

　被相続人の営む会社への労務提供は，あくまでも会社に対する貢献であるため，基本的には寄与分は認められないところです。

　しかしながら，会社が実質的には被相続人の個人企業であって，会社が被相続人と経済的に極めて密着した関係があり，かつ，会社への貢献と被相続人の資産の確保との間に明確な関連性があり，会社への労務提供に対して賃金が著しく低かったなどの事情があれば，寄与分は認められるものと考えられます。

　家事従事型の寄与分に際しては，①特別な貢献，②無償性，③継続性，④専従性，⑤財産の維持又は増加との因果関係があるのかという点から判断され，被相続人との身分・扶養関係，労務を提供するに至った経緯，労務提供の時期及び期間，労務の形態及び内容，報酬の有無，報酬の額の程度，労務の提供による財産上の効果などの事情から，総合的に判断することになります。

★　家業従事型の寄与分の評価方法

　寄与相続人が通常得られたであろう給付額×（１－生活費控除割合）×寄与期間－現実に得た給付額であるとされています。

　寄与相続人が通常得られたであろう給付額は，原則として，「寄与相続人が提供した労務について相続開始時における標準的な報酬額」を基準として計算することになるので，同種同規模の事業に従事する同年齢層の給与額として，賃金センサスを参考とすることが多いです。もっとも，事業の収益性が低い場合には，賃金センサスをそのまま適用することは実態に合わないので，これに修正をかけることがあります。

　また，生活費を控除するのは，通常，被相続人を通して家業収入の中から寄与相続人の実質的な生活費が支出されているからです。

（2） 金銭等出資型
【ＦＡＱ５８】被相続人の営む会社への金銭の出資

　相続人の私は，被相続人の個人企業Ａ社に対して，Ａ社の債務の返済資金を長年にわたって提供してきました。

　Ａ社は，被相続人の財産が企業の経営基盤を担っており，被相続人が個人資産を失えば，Ａ社も経営危機に陥り，Ａ社が倒産すれば被相続人も担保としていた不動産の抵当権の実行を受けてしまい，生活の手段を失うような状態であり，Ａ社と被相続人との間には経済的にも密接な関係がありました。

　このような場合において，私がＡ社に対して，行ってきた資金提供について，寄与分として考慮してもらうことはできますか。

　形式的には，被相続人の個人の債務でなく，会社の債務に対する弁済資金を会社に提供したものですが，会社は，被相続人の個人企業に近い面もあり，また，その経営基盤の主要な部分を被相続人の個人資産に負っていたものであって，被相続人がその個人資産を失えば，会社の経営は危機に陥り，会社が倒産すれば，被相続人は生活の手段を失うばかりでなく，担保に供している個人資産も失うという関係にあります。会社と被相続人とは経済的に極めて密着した関係にあったとして，会社の経営状況，被相続人の資産状況，援助と態様等から見て，会社への援助と被相続人の資産の確保との間に明確な関連性がある場合には，被相続人に対する寄与と認める余地があるとして20％の寄与を認めた裁判例があります（高松高裁決定平成8年10月4日・家月49巻8号53頁）。

　金銭出資型の寄与分については，①**特別な貢献**，②**無償性**，③**財産の維持又は増加との因果関係**があるのかという点から判断されます。

　他の類型と異なり，金銭の出資型なので，継続性や専従性といったところは問題となりません。

★ 金銭等出資型の寄与分の評価方法
　| 不動産などの贈与の場合 |
　　相続開始時の価格×裁量割合

> **不動産の使用貸借の場合**
> 　相続開始時の賃料相当額×使用期間×裁量割合
>
> **金銭の贈与の場合**
> 　贈与金額×貨幣価値変動率×裁量割合
>
> **金銭融資の場合**
> 　利息相当額×裁量割合

　上記のとおり，出資された財産全額が寄与分として算定されるわけではなく，事案ごとに裁量的に割合部分を寄与分として認定されることが多いです。

【FAQ59】相続人の経営する会社から被相続人への報酬の支払い

　私は，会社を経営していますが，被相続人である亡父を取締役として入れており，父は病気がちであまり出社していなかったにもかかわらず，多額の役員報酬を支払ってきました。この役員報酬の支払いを寄与分として主張することはできますか。

　被相続人への報酬の支払いは，相続人からの支払いではなく，相続人の経営する会社からの支払いですので，相続人個人からの寄与とはいえません。仮に，相続人の個人企業に近い面があり，相続人個人と当該企業を一体として考えられたとしても，取締役の役員報酬は必ずしも，労働の対価とはいえないので，被相続人があまり出社していなかったとしても，報酬に取得の理由がないとはいえず，また，会社としても，役員報酬を支払うことで節税効果があったりすることにも鑑みると，寄与分として主張することは難しいものと考えられます。

（3）療養看護型
【FAQ60】被相続人への療養看護による寄与分

　20年以上にわたって被相続人である母と同居し，後半の10年間は，徐々に認知症が進行し，四六時中目が離せなくなり，入院をしてしまいました。この10年間にわたる療養看護について，寄与分を主張することはできます

か。

　設例の行為は，親族間の扶養義務に基づく一般的な寄与の程度をはるかに超えたものというべきであり，被相続人は他人を付添人として雇った場合に支払うべき出費を免れ，財産の減少を免れたといえるので，寄与分を認めることができるものと考えられます（盛岡家裁審判昭和61年4月11日・家月38巻12号71頁参照）。

　療養看護型の寄与分は，被相続人による看護費用等の支出を免れ，相続財産の維持等に寄与したという形式のものです。この場合も被相続人との身分関係に基づいて，通常期待される程度を超える貢献であることが必要ですが，被相続人が本当に介護を必要としていたのかなどの，①**療養看護の必要性**，②**特別な貢献**，③**無償性**，④**継続性**，⑤**専従性**，⑥**財産の維持又は増加との因果関係**を勘案して，寄与分の認定の有無が判断されます。

★ 療養看護型の寄与分の評価方法

　　付添人の日当額×療養看護日数×裁量的割合　であるとされています。

　相続人が自ら療養看護した場合には，その地における通常の職業付添人の日当によることになりますが，介護保険制度の報酬標準額を参考にすることも多いです。

　裁量的割合は，寄与相続人と被相続人の身分関係の遠近，看護の必要性があるといえるほどの病状であったか，寄与相続人の看護の時間，程度，内容，看護に伴い，相続人にどの程度の収入減少があったか等を総合考慮して決定することになります。

（4）扶　養　型
【FAQ61】被相続人への扶養による寄与分

　病気であった被相続人の父に対して，他の共同相続人は何もしてくれなかったのですが，私は，扶養を20年近く継続し，多額の小遣いを与えたりしていて，相続開始時の遺産額は父が祖父から相続した額と同額程度でし

た。被相続人は，ほとんど自己のためにお金を使っていなかった場合に，私の扶養分については，寄与分として主張できますか。

被相続人が扶養をした20年近い期間にわたる金銭的負担は，本来他の共同相続人が能力に応じて負担すべきところを全面的に引き受け，これがために被相続人は自己の財産を消費しないで遺産となったのであるから，本来的な扶養義務を超えて負担したものとみなされる部分に対応する寄与の効果を認めるのが相当です（大阪家裁審判昭和61年1月30日・家月38巻6号28頁）。

扶養型の寄与分の認定の方法としては，①扶養の必要性，②特別な貢献，③無償性，④継続性，⑤財産の維持又は増加との因果関係を勘案して，寄与分の認定の有無が判断されます。

★ 扶養型の寄与分の評価方法

　　扶養のために負担した額×裁量割合　であるとされています。

　扶養のために負担した額は算定が困難であることが多く，生活保護基準による生活費や人事院発表の標準生活費等が参考となります。

　なお，寄与相続人が扶養義務を有していた場合には，同人の分担義務に相当する部分を控除する必要があるため，（1－法定相続分割合）を目安に裁量的割合を乗じることがあります。

（5）　財産管理型
【FAQ62】被相続人の財産の財産管理による寄与分

被相続人の土地を売却するにあたり，借家人の立退交渉，家屋の取り壊し，滅失登記手続，売買契約等の締結の努力をして，売却価格の増加に対する寄与があった場合には，これを寄与分として主張することはできますか。

土地の売却に際して，借家人の立退交渉などをしてまで，売却をするのは，通常期待される程度を超えた特別の貢献といえ，財産管理行為そのものが寄与行為に該当するため，寄与分として主張できるものと考えられます（長崎家裁諫早出張所審判昭和62年9月1日・家月40巻8号77頁参照）。

財産管理型の寄与分の認定の方法としては，①財産管理の必要性，②特別な貢献，③無償性，④継続性，⑤財産の維持又は増加との因果関係を勘案して，寄与分の認定の有無が判断されます。

★ 財産管理型の寄与分の評価方法

　　相当と思われる財産管理費用×裁量割合　であるとされています。

　相当と思われる財産管理費用は，通常，当該行為を第三者に委託した際の報酬額を基準とすることになります。

　なお，被相続人が負担すべき建物の保険料，修繕費，不動産の公租公課を支払うなどの財産管理をした場合には，実際に支払った負担額の総額が基準となります。

　そのうえで，寄与相続人と被相続人の身分関係の遠近などを踏まえて，裁量割合を乗じることがあります。

【FAQ63】被相続人の財産の財産管理による寄与分

　被相続人の株式や投資信託による資金運用をした結果，資産価値を5,000万円ほど上げたので，この分を寄与分として主張することができますか。

　投機的な運用であり，常に損失のリスクがありうるのであって，たまたま得た運用益をもって，特別の寄与と認めることはできず，寄与分の主張は難しいものと考えられます。

　以下，裁判例でも否定されています。

　「株式，投資信託による資産運用には，利益の可能性とともに，常に損失のリスクを伴う。しかるに，一部の相続人が被相続人の資産を運用した場合，その損失によるリスク負担をせず，たまたま利益を生じた場合には寄与と主張することは，いわば自己に都合の良い面だけをつまみ食い的に主張するものであり，そのような利益に寄与分を認めることが相続人間の衡平に資するとは，一般的には考え難い。‥‥

　株価の上昇自体は偶然であり，単にその時期を捉えて保有株式を売却した

行為のみで，特別の寄与を評価するには値せず，この点においても，申立人の資産運用に寄与分は認められない。」(大阪家裁審判平成19年2月26日・家月59巻8号47頁)。

(6) 先行相続における相続放棄
【FAQ64】先行相続における相続放棄と寄与分

　母親の相続において，父親が配偶者として，相続放棄をして，長男と長女が母親の財産を全額引き継ぎました。その後，長女が死亡して，父と長女の配偶者が共同相続人になった場合には，母親の相続に際しての父親の相続放棄を寄与分として主張することができるでしょうか。

　確かに，相続放棄は，他の相続人の相続分を増大させる結果をもたらすものであることから，先行相続において，長女の相続財産を増加させたようにも思われますが，相続放棄は，他の相続分を増加させることを目的としたものでもなく，基本的には，寄与分を否定することが相当と思料されます。

　もっとも，相続放棄にもさまざまな事情があるため，①先行相続における共同相続の類型，②相続放棄の理由又は動機，③先行相続から後行相続までに経過した期間などを考慮して，寄与分を認定できる場合もあり得るところとされています。

第5 遺産分割方法

I はじめに

1 検討の順序

　遺産の分割は，遺産に属する物又は権利の種類及び性質，各相続人の年齢，職業，心身の状況及び生活の状況その他一切の事情を考慮してこれをするとされています（民法906条）。これらの要素を分割の基準として考慮しながら，適切な分割方法を見つけていくことになりますが，遺産分割の方法には，大きく分けて，①現物分割，②代償分割，③換価分割，④共有分割という4種類の方法があります。

　当事者が合意すれば，どの分割方法でもよいのですが，当事者が合意できない場合に，審判などでも検討される順序には優先順位があるとされています。

【FAQ65】遺産分割方法に争いがある場合の検討順序

　遺産分割方法について，相続人当事者全員に争いがあります。裁判所が審判などで分割を検討する順序は，どのようなものになりますか。

　①現物分割 → ②代償分割 → ③換価分割 → ④共有分割，の順番で検討されることになります。

★ 大阪高裁決定平成14年6月5日・家月54巻11号60頁
　「遺産分割は，共有物分割と同様，相続によって生じた財産の共有・準共有状態を解消し，相続人の共有持分や準共有持分を，単独での財産権行使が可能な権利（所有権や金銭等）に還元することを目的とする手続であるから，

遺産分割の方法の選択に関する基本原則は，当事者の意向を踏まえた上での現物分割であり，それが困難な場合には，現物分割に代わる手段として，当事者が代償金の負担を了解している限りにおいて代償分割が相当であり，代償分割すら困難な場合には換価分割がされるべきである。

共有とする分割方法は，やむを得ない次善の策として許される場合もないわけではないが，この方法は，そもそも遺産分割の目的と相反し，ただ紛争を先送りするだけで，何ら遺産に関する紛争の解決とならないことが予想されるから，現物分割や代償分割はもとより，換価分割さえも困難な状況があるときに選択されるべき分割方法である。」

2 一部分割

また，遺産分割は，その遺産の全部について，同時になされるのが本来の在り方とされていますが，一部分割も可能とされています。

【FAQ66】一部分割の可否

遺産の一部について評価の問題や遺産性等の争いがあり，訴訟が継続しており，相当時間がかかりそうな状況にあります。そのような場合には，争いのない遺産の一部を分割することも可能ですか。

一部分割をすることによって，紛争の解決が早期に実現できる場合や，一部分割によって遺産全体についての適正な分割が不可能とならないようであれば，一部分割も可能とされています。なお，一部分割をする場合には，遺産分割協議書や調停調書に一部分割である旨及び一部分割に伴う残余財産の分割への影響等を明記しておく必要があります。

★ 大阪高裁決定昭和46年12月7日・家月25巻1号42頁

「遺産分割においては遺産の全部について行うのが相当であるけれども，遺産の範囲に争があつて訴訟が係属しているような場合において，遺産の一部の分割をするとすれば，民法九〇六条の分割基準による適正妥当な分割の実現が不可能となるような場合でない限り，遺産の一部の分割も許されるもの

と解するのを相当とするところ，本件における遺産の一部の分割は前記法条の分割基準の実現に著しい支障はないものと認められるから，本件分割の審判に違法ないし不当はないと言うべきである。」

平成30年相続法改正⑪　一部分割（民法907条）

　上記のとおり，現在の裁判実務でも，一定の要件下で一部分割を行うことも許されるとする見解が一般的であったところ，今般，一部分割及びその要件が明文化されることになりました。平成28年12月19日の最高裁決定により，預金債権が遺産分割の対象となったことから，先に預金について早期の一部分割をしたいという要請もあり，本規定は明文化されるに至っています。

民法907条

> 第九百七条　共同相続人は，次条の規定により被相続人が遺言で禁じた場合を除き，いつでも，その協議で，遺産の全部又は一部の分割をすることができる。
> 2　遺産の分割について，共同相続人間に協議が調わないとき，又は協議をすることができないときは，共同相続人は，その全部又は一部の分割を家庭裁判所に請求することができる。ただし，遺産の一部を分割することにより他の共同相続人の利益を害するおそれがある場合におけるその一部の分割については，この限りでない。
> 3　前項本文の場合において特別の事由があるときは，家庭裁判所は，期間を定めて，遺産の全部又は一部について，その分割を禁ずることができる。

Ⅱ　現物分割

　現物分割とは，個々の財産の形状や性質を変更することなく分割するものとされています。性質上，できる限り現物を相続人に受け継がせることが望ましいことから，遺産分割方法の原則的方法とされています。

【FAQ67】単位株制度の適用がある株式の分割

　単位株制度の適用のある株式については，分割にあたり注意すべき点がありますか。

単位未満株式を生じさせる現物分割はできません。

★ 最高裁判決平成12年7月11日・民集54巻6号1886頁

「右各株式は証券取引所に上場されている株式であることは公知の事実であり，これらの株式については，一単位未満の株券の発行を請求することはできず，一単位未満の株式についてはその行使し得る権利内容及び譲渡における株主名簿への記載に制限がある（昭和五六年法律第七四号商法等の一部を改正する法律附則一五条一項一号，一六条，一八条一，三項）。したがって，分割された株式数が一単位の株式の倍数であるか，又はそれが一単位未満の場合には当該株式数の株券が現存しない限り，当該株式を表象する株券の引渡しを強制することはできず，一単位未満の株式では株式本来の権利を行使することはできないから，新たに一単位未満の株式を生じさせる分割方法では株式の現物分割の目的を全うすることができない。

そうすると，このような株式の現物分割及び分割された株式数の株券の引渡しの可否を判断するに当たっては，現に存在する株券の株式数，当該株式を発行する株式会社における一単位の株式数等をも考慮すべきであり，この点について考慮することなく，右各株式の現物分割を命じた原審の判断には，民法二五八条二項の解釈を誤った違法があり，これを前提として株券の引渡しを命じた原審の判断にも違法があるというべきである。」

（注意点）

現在は，単位未満株式の制度は廃止され，単元株制度に移行しているため，上記の最高裁判決の射程が単元株制度に及ぶかは検討課題といえます。

【FAQ68】非上場株式の分割

当社は，同族企業であり，経営権について非常にセンシティブな問題があり，株式が分散してしまうと，経営に支障が生じてしまいます。次期社長に相続人の一人である私が決まっているのですが，株式を分割しないような形で，遺産分割をすることができるでしょうか。

いわゆる事業承継が問題となる局面です。

通常は，被相続人が死亡する前に，遺言や生前贈与などを利用しながら，株式を分散させないような手段をとっておく必要があります。

そのような被相続人の生前対策がなされていない場合には，実務では，同族会社の経営権をめぐる問題は，遺産分割とは別個の問題として扱われてしまうケースが多く，円滑な事業承継ができないことがあります。

そのため，株式を分散させないためには，後継者である次期社長が株式を単独取得し，他の相続人に代償金を払う方法で合意ができることが望ましいです。

次の裁判例では，株式につき，単独取得を認めるのが相当か否かを判断するにあたっては，同族会社の経営の安定のためには株主を分散させるのが相当ではないという視点が，民法906条所定の「遺産に属する物又は権利の種類及び性質」「その他一切の事情」として考慮されているので，経営権に支障が生じて，事業活動に悪影響を及ぼす事情などを主張していくこと，代償金を支払って買い取るなど，単独取得の合理性を基礎づける事情を主張していき単独取得を実現していくことになります。

しかし，経営権に争いがある場合など，本裁判例のように，必ずしも，単独取得を実現できるわけではないので，生前の事業承継対策の重要性が叫ばれる所以です。

★ 東京高裁決定平成26年3月20日・家庭の法と裁判1号101頁

「G社は，初代社長のI及びその親族がこれまで経営に当たってきたものであり，また，その大半の株式をIの親族が保有しているという**典型的な同族会社であり，その経営規模からすれば，経営の安定のためには，株主の分散を避けることが望ましい**ということができる。このことは，会社法174条が，株式会社はその譲渡制限株式を取得した者に対して自社に当該株式を売り渡すことを請求できる旨を定款で定めることができると規定し，また，中小企業における経営の承継の円滑化を図ることを目的として制定された中小企業における経営の承継の円滑化に関する法律（平成20年5月16日法律第33号）が，旧代表者の推定相続人は，そのうちの一人が後継者である場合

には，その全員の合意をもって，書面により，当該後継者が当該旧代表者からの贈与等により取得した株式等の全部又は一部について，その価額を遺留分を算定するための財産の価額に算入しないことを合意し，家庭裁判所の許可を受けた場合には，上記合意に係る株式等の価額を遺留分を算定するための財産の価額に算入しないものとすると規定している（4条1項1号，8条1項，9条1項）ことなどに表れている。これらの規定は，中小企業の代表者の死亡等に起因する経営の承継がその事業活動の継続に悪影響を及ぼすことを懸念して立法されたものであり，そのような事情は，民法906条所定の「遺産に属する物又は権利の種類及び性質」「その他一切の事情」に当たるというべきであるから，本件においても，これを考慮して遺産を分割するのが相当である。

そして，上記認定のG社の株主構成や，抗告人AがG社の次期社長に就任する予定であり，残高1250万1000円の預金通帳を提出して代償金の支払能力のあることが認められることなどに鑑みると，本件株式は，全部これを抗告人Aに取得させるのが相当である。」

★ 事業承継の方法

　上記のとおり，相続が発生するまで，事業承継対策をしないと，遺産分割でも，事業の後継者が株式を単独取得することができない場面も多くあり，円滑な事業承継の実現が難しくなります。そこで，事業承継対策の方法としては，下記のような方法を前経営者が亡くなる前に取っておく必要があります。

① 株式の後継者への売買
② 株式の後継者への生前贈与
③ 遺言による株式の集中（遺留分には注意）
④ 株式の死因贈与

株式を後継者が売買により，現経営者から譲り受ける場合には，買い受けるだけの資金力があれば，安定的に株式を集中できますが，売買代金を用意しなければならないデメリットがあります。また，売却金額によっては，現

経営者に譲渡に伴う所得税が発生する可能性があります。

これに対して，株式を経営者から後継者が生前贈与を受ける方法がありますが，この方法によると，遺留分の問題が発生し，遺留分減殺請求がなされると，株式の集中が阻害されるおそれがあります。また，贈与税がかかるという費用面での問題もあります。

遺言，死因贈与による方法も同じように，遺留分の問題はありますが，費用面では，相続税は基礎控除がありますので，穏当な手段であると思います。

死因贈与や生前贈与では，書面によらない場合には撤回の危険があったり，遺言では，自筆証書遺言は方式の不備による無効などが怖いところではあります。

そこで，それぞれ一長一短はあるところですが，基本的には，遺留分に配慮しながら，公正証書遺言で株式を後継者に集中することをお勧めしたいと思います。

次に，各事業承継方法のメリット，デメリットを示します。

	集中度	安定性	費用面	注意点
売買	○	○	×	売買代金，所得税
生前贈与	▲遺留分	▲遺留分	▲贈与税	書面によらない贈与の撤回の危険性
遺言	▲遺留分	▲遺留分	相続税	自筆証書遺言などは無効の危険性
死因贈与	▲遺留分	▲遺留分	相続税	書面によらない贈与の撤回の危険性
遺産分割	×	×	○	期間の長期化の恐れ

なお，新民法の改正によって遺言によって後継者に自社株式を集中させやすくなったといえると思われます。すなわち，後述（平成30年相続法改正⑲　遺留分減殺請求権の効力及び法的性質の見直し）するとおり，遺留分減殺請求権（新民法：遺留分侵害額請求権）は新民法により，物権的効果ではなく，債権的な請求権を有するに過ぎなくなったため，遺留分減殺請求権を行使しただけで，株式が共有されるような事態は避けられ，遺言によって株式を取

得した者は，債権的に金銭の支払義務を負うことになります。その場合にはすぐに金銭を用意できないことも考えられますが，新民法1047条5項において，「裁判所は，受遺者又は受贈者の請求により，第1項の規定により負担する債務の全部又は一部の支払につき相当の期限を許与することができる。」という規定が設けられたため，受遺者としては，裁判所に期限の許与を請求し，事業活動を通じて得た資金を遺留分侵害額請求権者に支払っていくなどの方法も取り得るようになりました。

また，新民法では，遺留分算定の基礎となる財産の価額に算入するものを相続開始前10年内の特別受益に限定していますので（平成30年相続法改正⑰　遺留分の算定方法の見直し（民法1044条）），早期に自社株式を後継者に贈与することで，遺留分減殺請求の対象とさせないなどの事業承継化の円滑化手法に利用されることが期待されます。

Ⅲ　代償分割

代償分割とは，一部の相続人に法定相続分を超える額の財産を取得させたうえで，他の相続人に対する債務を負担させる方法です。

家事事件手続法195条において，特別の事情があると認められる時に，共同相続人の一人又は数人に他の共同相続人に対し債務を負担させて，現物分割に代えることができるとされています。

この特別の事情とは，次のものが挙げられます。

① 　現物分割が不可能な場合
② 　現物分割をすると，分割後の財産の経済的価値を著しく低下させてしまう場合
③ 　特定の遺産に対する特定の相続人の単独占有，利用状況を特に保護すべき場合
④ 　共同相続人間で代償金の支払の方法によることについて概ね争いがない場合

【FAQ69】代償分割の要件

　遺産のうちで，どうしても不動産を単独取得する必要があるのですが，代償金を支払う資金が足りません。このような場合でも，将来に支払うことで何とか代償分割をしたいと思っていますが，そのような方法はとれるのでしょうか。

　当事者でそのような合意ができればよいですが，審判では，代償金の支払い能力がなければ，代償分割による単独取得の分割方法はとられないことになっています。

　ただし，分割での支払い能力があると判断されれば，分割払いの方法も取り得るところです。

　実際に，審判の場合には，支払い能力の裏付けとして，代償金を支払う当事者に預金通帳の開示などを促されて，支払能力について確認を促されるケースがあります。

★　最高裁決定平成12年9月7日・家月54巻6号66頁

　「家庭裁判所は，特別の事由があると認めるときは，遺産の分割の方法として，共同相続人の一人又は数人に他の共同相続人に対し債務を負担させて，現物をもってする分割に代えることができるが（家事審判規則109条），右の特別の事由がある場合であるとして共同相続人の一人又は数人に金銭債務を負担させるためには，当該相続人にその支払能力があることを要すると解すべきである。」

【FAQ70】不動産を代償金を支払って取得した場合の取得費算入の可否

　遺産分割の際に，不動産について代償金を支払って，単独取得したのですが，当該不動産を売却する際に，この代償金として他の相続人に支払った金銭，ないしは代償金支払いのための銀行からの借入金について，譲渡所得の算定にあたって，取得費として控除することはできますか。

　当該不動産は，相続によって取得されたものであり，取得費として参入する

ことはできないこととされています。

★ 最高裁決定平成6年9月13日・家月47巻9号45頁

「相続財産は，共同相続人間で遺産分割協議がされるまでの間は全相続人の共有に属するが，いったん遺産分割協議がされると遺産分割の効果は相続開始の時にさかのぼりその時点で遺産を取得したことになる。したがって，相続人の一人が遺産分割協議に従い他の相続人に対し代償としての金銭を交付して遺産全部を自己の所有にした場合は，結局，同人が右遺産を相続開始の時に単独相続したことになるのであり，共有の遺産につき他の相続人である共有者からその共有持分の譲渡を受けてこれを取得したことになるものではない。そうすると，本件不動産は，上告人が所得税法六〇条一項一号の「相続」によって取得した財産に該当するというべきである。したがって，上告人がその後にこれを他に売却したときの譲渡所得の計算に当たっては，相続前から引き続き所有していたものとして取得費を考えることになるから，上告人が代償として他の相続人に交付した金銭及びその交付のため銀行から借り入れた借入金の利息相当額を右相続財産の取得費に算入することはできない。」

Ⅳ 換価分割

換価分割とは，遺産を売却するなどして，換価した後に，換価された金銭を分配する方法とされています。

現物分割も困難で，そもそも相続人にも取得希望者がいない場合や，代償金の支払能力のある相続人がいないといった場合に，利用される手続きです。

遺産分割手続中の売却方法としては，①当事者の合意による任意売却，②家庭裁判所の命令としての中間処分としての換価（形式的競売を命じる場合（家事事件手続法194条1項）・任意売却を命じる場合（同法同条2項）），③相続人が多数であり，関係性が希薄などで協力が得られない場合には，審判前保全処分としての遺産管理者による換価処分（同法200条）があります。

遺産分割手続中に上記のいずれの換価の方法も困難であった場合には，終局審判では競売を命じられることになります。終局審判では，任意売却を命じることができないので，注意が必要です。終局審判で競売が決まった場合には，遺産分割審判が確定した後，地方裁判所に民事執行の申立てをする必要があります。

上記のとおり，換価の仕方として，主として，競売に付させる方法と任意売却する方法がありますが，任意売却のほうが高値で売却できるメリットがあるため，基本的にはこちらをお勧めします。

V 共有分割

共有分割とは，遺産の一部，全部を具体的相続分による物権法上の共有取得とする方法であり，共有関係を解消する手続は，共有物分割訴訟（民法258条）によることとされています。上記のとおり，紛争の先延ばしになるケースが多いので，最終手段とされています。

審判においても，次の場合に限られるとされています。

① 現物分割，代償分割ができず，換価を避けるのが相当である場合
② 当事者が共有による取得を希望しており，それが不当でない場合

第6

遺言にまつわる問題

I 遺言の有効性に関する問題（総論）

　遺言は，満15歳に達すれば，遺言能力があるとされて，自分で遺言を書くことができますが（民法961条），遺言に記載された内容が相続人の一部に不利で，一部の相続人に有利となっている場合には，その遺言の有効性が争いになることが多いです。遺言の有効性が実務的に問題となるのは，次の事由に大きくまとめることができます。

（遺言の無効事由）
（1）形式的要件の欠缺
　　① 各遺言の方式に違反していること
　　② 共同遺言（民法975条）
　　③ 証人立会人の欠格事由（民法974条）
（2）実質的要件の欠缺
　　① 遺言能力の欠缺
　　② 公序良俗違反（民法90条）
　　③ 錯誤（民法95条），詐欺取消（民法96条）
（3）被後見人の後見人に対する遺言の制限
（4）遺言者の死亡以前に受遺者が死亡したこと（民法994条）
（5）遺贈の目的である権利が遺言者の死亡時において相続財産に属しなかった場合（民法996条）

　上記のケースごとに，見ていくこととします。

1　形式的要件の欠缺

（1）遺言の方式違反
① 自　書　性
　自筆証書遺言のケースでは，被相続人（遺言者）が自分で書いたものか否か（自書性）の点で争いになるケースが多く，問題となります。
　自書性については，筆跡鑑定を中心として，生前の遺言者の言動や，遺言をするに至った経緯，遺言者の立場などから遺言者の意思に照らして，遺言内容に不自然な点がないかなどの観点から判断されます。

【ＦＡＱ７１】他人の添え手による補助を受けた自筆証書遺言の効力
　　90歳になるＸは，視力が減退し手も震えるために，配偶者が遺言の書き出しの部分や改行に際して，遺言者の手を用紙の正しい位置に導こうとしたり，単に遺言者の手の動きを制御せず，単に筆記を容易にするための支えとしてＸに添え手をして，自筆証書遺言を作成しました。このような場合は，この自筆証書遺言は有効でしょうか。
　その限度であれば，有効と考えられます。
　もっとも，無効とならずとも，争いの種になる可能性が高いので，このような場合には，公正証書遺言を作成しておくべきです。
　最高裁判決昭和62年10月8日・民集41巻7号1471頁では，下記のとおり判示して，添え手による自筆証書遺言の有効性を次のとおり判示しています。
　「自筆証書遺言の方式として，遺言者自身が遺言書の全文，日附及び氏名を自書することを要することは前示のとおりであるが，<u>右自書が要件とされるのは，筆跡によつて本人が書いたものであることを判定でき，それ自体で遺言が遺言者の真意に出たものであることを保障することができるからにほかならない。そして，自筆証書遺言は，他の方式の遺言と異なり証人や立会人の立会を要しないなど，最も簡易な方式の遺言であるが，それだけに偽造，変造の危険が最も大きく，遺言者の真意に出たものであるか否かをめぐつて</u>

紛争の生じやすい遺言方式であるといえるから，自筆証書遺言の本質的要件ともいうべき「自書」の要件については厳格な解釈を必要とするのである。「自書」を要件とする前記のような法の趣旨に照らすと，病気その他の理由により運筆について他人の添え手による補助を受けてされた自筆証書遺言は，(1) 遺言者が証書作成時に自書能力を有し，(2) 他人の添え手が，単に始筆若しくは改行にあたり若しくは字の間配りや行間を整えるため遺言者の手を用紙の正しい位置に導くにとどまるか，又は遺言者の手の動きが遺言者の望みにまかされており，遺言者は添え手をした他人から単に筆記を容易にするための支えを借りただけであり，かつ，(3) 添え手が右のような態様のものにとどまること，すなわち添え手をした他人の意思が介入した形跡のないことが，筆跡のうえで判定できる場合には，「自書」の要件を充たすものとして，有効であると解するのが相当である。」

【FAQ72】他人の偽造による自筆証書遺言

　被相続人本人がそのような遺言を書いたとは，到底思えない遺言があります。これについては，どのように争っていったらよいですか。
　筆跡鑑定などを利用して争っていく方法が考えられます。
　もっとも，それだけではなく，遺言書の作成経緯，作成内容が自然であるかどうか，遺言者と相続人らとの生活状態，遺言者の作成時における精神・身体状況及びその後の行動が重要な判断要素とされています。
★ 東京高裁判決平成12年10月26日・判例タイムズ1094号242頁
　「本件遺言（乙三の二）の筆跡とA子の日記帳（乙二〇）の筆跡について，原審における鑑定の結果は，ア　配字形態は，類似した特徴もみられるが総体的には相違特徴がやや多く認められる，イ　書字速度（筆勢）は，総体的に相違特徴がみられる，ウ　筆圧に総体的にやや異なる特徴がみられる，エ　共通同文字から字画形態，字画構成の特徴等をみると，いくつかの漢字では形態的に顕著な相違があり，ひらがな文字では総体的には異なるものがやや多い傾向があるとして，本件遺言の筆跡とA子の日記帳の筆跡とは別異筆

跡と推定するとの結論を出している。

　一方，乙六四（X作成の鑑定書）は，いくつかの漢字について相違しているもの，類似しているものを挙げ，また，両者の筆跡に筆者が異なるといえるような決定的な相違点は検出されないなどとして，本件遺言の筆跡とA子の日記帳の筆跡とは筆者が同じであると推定されるとの結論を出している。

　原審における鑑定の結果と乙六四とは，基本的な鑑定方法を異にするものではない。右の二つの結論の違いは，本件遺言自体が安定性と調和性を欠いていること，A子の日記帳は，昭和五五年七月二一日から昭和六二年四月一六日までの間に記載されたもので個人内変動があること，どの字とどの字とを比較するかについてあまりに多様な組合せが可能であることなどによって生じたものと考えられる。

　そうすると，右のような対象について，筆跡鑑定によって筆跡の異同を断定することはできないというべきである。

　なお，筆跡の鑑定は，科学的な検証を経ていないというその性質上，その証明力に限界があり，特に異なる者の筆になる旨を積極的にいう鑑定の証明力については，疑問なことが多い。したがって，筆跡鑑定には，他の証拠に優越するような証拠価値が一般的にあるのではないことに留意して，事案の総合的な分析検討をゆるがせにすることはできない。」

【FAQ73】パソコンを用いた遺言

　遺言をパソコンによる印字の方法で作成しました。しかも，パソコンを使ったのは添付の財産目録の部分だけで，核心的な遺言内容については自筆しています。このような遺言は有効とできますか。

　自筆証書遺言は，全文を自書しないといけないので，一部の財産目録のみが印刷されているものでも，遺言は無効となります（東京高裁判決昭和59年3月22日・判例時報1115号103頁）。

（注意点）

　前述したとおり，平成30年相続法改正にて，全部自書が要求されている自

筆証書遺言の方式を緩和して，自筆証書と一体のものとして，相続財産の全部又は一部の目録を添付する場合には，その目録については，自書することを要しないという改正がなされたため，改正後の遺言については，財産目録について自筆していない遺言も有効と解釈されます。

なお，注意点としては，財産目録として添付する書面については，各ページ（毎葉）に（自書によらない記載がその両面にある場合には，その両面）に署名し，印を押さなければならないとされていることには留意が必要です。

② 日付の不備

【FAQ74】日付の不備

平成30年9月吉日と書いた遺言は，日付の特定がされていなくても，大体の時期はわかるので，有効とすることはできますか。また，年月までは記載しましたが，日付を記載していない遺言は有効ですか。

日付は，遺言の成立時期，遺言能力の判断の基準時，内容の抵触する遺言書がある場合の撤回の判断の客観的な指標として重要となりますので，これを特定できない「吉日」などの記載のある遺言や日付のない遺言は無効となります。一方で，年月日が特定できればよいので，「70回目の誕生日」，「2016年の勤労感謝の日」などの記載でも問題はありません。

★ 最高裁判決昭和54年5月31日・民集33巻4号445頁

「自筆証書によつて遺言をするには，遺言者は，全文・日附・氏名を自書して押印しなければならないのであるが（民法九六八条一項），右日附は，暦上の特定の日を表示するものといえるように記載されるべきものであるから，証書の日附として単に「昭和四拾壱年七月吉日」と記載されているにとどまる場合は，暦上の特定の日を表示するものとはいえず，そのような自筆証書遺言は，証書上日附の記載を欠くものとして無効であると解するのが相当である。」

★ 最高裁判決昭和52年11月29日・家月30巻4号100頁

「自筆遺言"証書に年月の記載はあるが日の記載がないときは，右遺言書は

民法九六八条一項にいう日付の記載を欠く無効のものと解するのが，相当である。」

③ 押印の不備
【FAQ75】押印に花押をした遺言
　遺言書に印章による押印に代えて，花押（※署名の代わりに書いた一種の記号。書判のこと）を書いても，遺言は有効となりますか。
　花押については，印章による押印と同視することができず，民法968条1項の押印の要件を満たさず，遺言は無効です。なお，押印については，実印である必要はなく，指印でもよいとされています（最高裁判決平成1年2月16日・民集43巻2号45頁）。
★ 最高裁判決平成28年6月3日・民集70巻5号1263頁
　「民法968条1項が，<u>自筆証書遺言の方式として，遺言の全文，日付及び氏名の自書のほかに，押印をも要するとした趣旨は，遺言の全文等の自書とあいまって遺言者の同一性及び真意を確保するとともに，重要な文書については作成者が署名した上その名下に押印することによって文書の作成を完結させるという我が国の慣行ないし法意識に照らして文書の完成を担保することにあると解される</u>ところ（最高裁昭和62年(オ)第1137号平成元年2月16日第一小法廷判決・民集43巻2号45頁参照），<u>我が国において，印章による押印に代えて花押を書くことによって文書を完成させるという慣行ないし法意識が存するものとは認め難い。</u>
　以上によれば，花押を書くことは，印章による押印と同視することはできず，民法968条1項の押印の要件を満たさないというべきである。」

(2) 共同遺言の禁止（民法975条）
【FAQ76】共 同 遺 言
　夫婦でそれぞれ，遺言を作ろうと思っているのですが，一つの証書に夫婦二人がそれぞれ署名するような形式の遺言は有効ですか。

民法975条では、「遺言は、二人以上の者が同一の証書ですることができない。」と規定しており、遺言は2人以上の者が同一の証書ですることができず、これに反した遺言は無効です（最高裁判決昭和56年9月11日・民集35巻6号1013頁）。

　上記の最高裁判決は、同一の証書に2人の遺言が記載されている場合は、そのうちの一方に氏名を自書しない方式の違背があるときでも、民法975条により禁止された共同遺言に当たるとしています。

　共同遺言が禁止されている趣旨は、①遺言の効力発生時期がいつになるか問題になること、②遺言者の意思が相互に制約され、遺言作成の自由の確保が困難であること、③遺言者の片方が死亡した場合に、遺言を撤回できるのかが問題になることなどが趣旨といわれています。

　もっとも、次に挙げる裁判例のような場合には、形式的には共同遺言に当たると見られる遺言書が見つかっても、例外的には有効と解されていますが、やはり、後日、共同遺言に該当するとして紛争になる可能性が高いですので、2人以上の署名をすることは避けるべきです。

ア　最高裁判決平成5年10月19日（判例タイムズ臨時増刊882号168頁）

　　1通の証書に2人の遺言が記載されている場合であっても、その証書が各人の遺言書の用紙をつづり合わせたもので、両者が容易に切り離すことができるときは、同遺言は民法975条によって禁止された共同遺言に当たらないとしました。

イ　東京高裁判決昭和57年8月27日（判例タイムズ483号155頁）

　　被相続人が署名・捺印するとともに、第三者の署名・捺印もしたという事案において、判決は、共同遺言であるかのような形式となってはいるが、その内容からすれば、被相続人のみの単独の遺言であり、被相続人が自己の氏名の下に、第三者の氏名を書き加えたのは、第三者との間でつねづね話し合っていたという経緯からして、その遺言における財産の配分については、第三者と相談の上、決めたものであり、その内容については、第三者も同じ意思である旨示す趣旨から書き加えたものと解するのが相当であって、本件遺言

書は，被相続人の自筆証書による単独の遺言として有効であるというべきであるとしました。

ウ　大阪地裁判決平成12年8月31日（金融・商事判例1127号35頁）
　　第三者が同意する旨の記載があるが，遺言書の内容は，被相続人の所有物が対象であることは明らかであって，共同遺言には当たらないとしました。

（3）　証人立会人の欠格事由（民法974条）

民法974条においては，次に掲げる者は，遺言の証人又は立会人となることができないとしています。
- 一　未成年者
- 二　推定相続人及び受遺者並びにこれらの配偶者及び直系血族
- 三　公証人の配偶者，四親等内の親族，書記及び使用人

そして，欠格者が証人や立会人になって作成された遺言は，無効と解されています。

【FAQ77】遺言の証人又は立会人の欠格事由

　夫婦で一緒に公正証書遺言を作ろうと思っています。公正証書遺言の場合には，証人が必要ということですので，お互いがそれぞれ証人とすればよいと思っていますが，これはできますか。

民法974条で，夫婦はお互いに推定相続人とされますので，証人の欠格事由とされているため証人となることはできず，立ち会わない形とすべきです。

実務的には，夫婦で同時期に公正証書遺言を作成するなどのことがよくあります。公正証書遺言を作成する場合に証人2名以上の立ち会いが必要とされるところ（民法969条1号），推定相続人は証人又は立会人となることはできないとされていますので（民法974条2号），通常，公証役場において夫婦が同時期に遺言を作成する場合には，一方の配偶者は証人とはならず，また別室で待機するなど，立ち会いも行わないこととされています。

ただし，法の規定する証人・立会人はいるものの，欠格者が遺言の作成に立

ち会った場合の効力について，この者によって，遺言の内容が左右されたり，遺言者が自己の真意に基づいて遺言をすることを妨げられたりするなど特段の事情のない限り，同遺言は無効とならない旨の判例があります（最高裁判決平成13年3月27日・家月53巻10号98頁）。

2　実質的要件の欠缺

(1)　遺言能力の欠缺

実務では，被相続人が既に遺言をするだけの判断能力が無くなっていたとして争われるケースが非常に多いところです。

なお，成年被後見人については，事理を弁識する能力を一時回復した時は，単独で有効な遺言をすることができるとされています。ただし，遺言をする場合には，医師二人以上が立ち会い，精神上の障害により事理を弁識する能力を欠く状態になかった旨を遺言書に付記して署名・押印する必要があります（民法973条）。被保佐人・被補助人については，保佐人・補助人の同意なく，単独で有効な遺言をすることができるとされています。

【FAQ78】遺言能力が問題となる遺言

母は，認知症を患っており，母が遺言の作成をした時期は，認知症の症状が特にひどく，治療などをしていた時期でした。このような時期に，ある相続人だけに極めて有利な遺言が作成されていました。このような遺言は，有効でしょうか。

母親の病状の程度にもよりますが，無効となる可能性が高いところです。客観的な状況から，特定の相続人に多額の財産を与える理由・動機が不自然であったり，遺言者が遺言の内容を理解できる能力がないと判断できる状況であれば，遺言者の真意から作成されたものではないとして，無効と解釈できます。

★　東京高裁判決平成25年3月6日・判例タイムズ1395号256頁

うつ病，認知症であった81歳の男性が，妻の生存中にした実妹に全財産を相続させる旨の公正証書遺言が遺言能力を欠き無効であるとされた事例です。

★ 東京高裁判決平成 22 年 7 月 15 日・判例タイムズ 1336 号 241 頁

　司法書士立会の下に作成された公正証書による遺言が認知症により遺言能力を欠き無効であるとされた事例です。

　この事例では，入院入所を続けた認知症の高齢者に遺言能力がなく公正証書遺言が無効であるとの認定は，立会いの司法書士が作成当日初対面で，医師等の意見を聴取せず，会話から遺言能力があると感じたとしても妨げられるものではないと判示しています。

※　遺言能力を後日争われないための予防策
　ア　主治医に長谷川式簡易知能評価スケール（30 点満点で 20 点以下は認知症の疑い）を実施してもらい，判断能力があることを事前に担保する。
　イ　遺言書の作成の様子をビデオ撮影するなどして，遺言能力を有していることの証拠化を図る。
　ウ　公証人が関与して，遺言者の状態を確認できる公正証書遺言のほうが，自筆証書遺言よりは無効とされるリスクは低いので，公正証書遺言の方式による。

（2）　遺言の内容が法律上許されないときや公序良俗に反するとき
【ＦＡＱ79】公序良俗が問題となる遺言

　被相続人が亡くなった後に出てきた遺言には，いわゆる不倫相手に対して，財産を遺贈するという内容になっていました。このような遺贈は，認められるのでしょうか。

　不倫関係を維持することを目的としていたり，すべての遺産を愛人へ遺贈するなど，相続人の生活の基盤が脅かされるような場合には，公序良俗に反して，無効と考えられます。

★ 最高裁判決昭和 61 年 11 月 20 日

　「（1）亡 X は妻である上告人 Y がいたにもかかわらず，被上告人と遅くとも昭和四四年ごろから死亡時まで約七年間いわば半同棲のような形で不倫な関係を継続したものであるが，この間昭和四六年一月ころ一時関係を清算し

ようとする動きがあつたものの，間もなく両者の関係は復活し，その後も継続して交際した，（2）被上告人との関係は早期の時点で亡Ｘの家族に公然となつており，他方亡Ｘと上告人Ｙ間の夫婦関係は昭和四〇年ころからすでに別々に生活する等その交流は希薄となり，夫婦としての実体はある程度喪失していた，（3）本件遺言は，死亡約一年二か月前に作成されたが，遺言の作成前後において両者の親密度が特段増減したという事情もない，（4）本件遺言の内容は，妻である上告人Ｙ，子である上告人Ｚ及び被上告人に全遺産の三分の一ずつを遺贈するものであり，当時の民法上の妻の法定相続分は三分の一であり，上告人Ｚがすでに嫁いで高校の講師等をしているなど原判示の事実関係のもとにおいては，<u>本件遺言は不倫な関係の維持継続を目的とするものではなく，もつぱら生計を亡Ｘに頼つていた被上告人の生活を保全するためにされたものというべきであり，また，右遺言の内容が相続人らの生活の基盤を脅かすものとはいえない</u>として，本件遺言が民法九〇条に違反し無効であると解すべきではないとした原審の判断は，正当として是認することができる。」

★ 東京地裁判決昭和63年11月14日・判例時報1318号78頁

　不倫関係を維持継続することを目的としない場合であっても，遺贈により相続人の生活基盤が脅かされる場合には，公序良俗に反すると判示されています。

　「Ｘは，妻である原告がいながら，被告と長年不貞関係を継続し，そのため原告との婚姻関係が破綻したこと，本件遺言はＸの前遺産を不貞の相手である被告に遺贈するという内容のものであること，Ｘの遺産の主要なものである本件建物は，原告とＸの婚姻生活を維持するために購入されたものであること，原告は，本件建物の賃料収入を生活費として生活しており，他には特に収入がないこと，Ｘは，原告の右事情を知りながら本件遺言をしたこと，Ｘは原告に対して離婚を求めていたが，Ｘと原告間の婚姻関係破綻の事情からして，離婚の際には，Ｘから原告への財産分与及びＸの原告に対する慰謝料の支払が当然予想されるところ，原告から財産分与及び慰謝料の支

払を求められていることを知りながら本件遺言をしたことなどの諸事情を総合すると，Xは，本件遺言をするまで，約一九年間被告と同棲してきたことや本件遺言は，Xが死亡する約一年七か月前の時期に，被告のそれまでの協力や今度被告に世話になることに対するXの感謝の気持ちからなされたものであるといった事情を考慮しても，Xのした本件遺言は，公序良俗（民法九〇条）に違反し無効であるといわざるをえない。」

（3） 遺言の錯誤と詐欺取消

遺言作成にあたって，民法総則の意思表示の瑕疵がある場合には，民法総則の錯誤（民法 95 条），詐欺（民法 96 条）に従って，遺言の錯誤無効及び詐欺取消を主張することができます。

3 被後見人が後見の計算（財産目録の作成）の終了前に後見人又はその配偶者もしくは直系卑属の利益となるべき遺言をした時（民法 966 条 1 項）

当該規定は，被後見人の判断能力の欠如に乗じて後見人に利益となる遺言をさせるケースが類型的に多いことから，後見人の不当な利益から被後見人を保護する趣旨の規定です。

ただし，後見人が直系血族，配偶者又は兄弟姉妹であった場合は，この限りでないとされています（民法 966 条 2 項）。

4 遺言者の死亡以前に受遺者が死亡していた時（民法 994 条）

遺言者の死亡以前に受遺者が死亡した場合には，遺言の効力は生じないと民法 994 条 1 項において規定されています。また，停止条件付の遺贈については，遺言者の別段の意思表示がない限り，条件成就前に受遺者が死亡した時も同様であるとされています（民法 966 条 2 項）。

【ＦＡＱ８０】遺言の受遺者が死亡していた場合

　　遺産を特定の相続人Ａに相続させるという遺言をしていた場合に，特定の相続人Ａが遺言者よりも先に死亡してしまい，当該相続人Ａの子Ｂがいた場合は，Ｂは遺言により遺産を承継することになりますか。

　遺言者がそのような場合に，相続人の子に代襲相続をさせる意思を有していたとみるべき特段の事情がない限りは，遺言は効力を生じません。

　したがって，遺言者としても，受益の相続人が先に死亡した場合に，代襲相続人に相続させたいという意思を有している場合には，「遺言者の死亡以前に受益の相続人が死亡した場合には，その代襲相続人に相続させる」旨の記載をしておく必要があります。

★　最高裁判決平成23年2月22日・判例時報2108号52頁

　　「被相続人の遺産の承継に関する遺言をする者は，一般に，各推定相続人との関係においては，その者と各推定相続人との身分関係及び生活関係，各推定相続人の現在及び将来の生活状況及び資産その他の経済力，特定の不動産その他の遺産についての特定の推定相続人の関わりあいの有無，程度等諸般の事情を考慮して遺言をするものである。このことは，遺産を特定の推定相続人に単独で相続させる旨の遺産分割の方法を指定し，当該遺産が遺言者の死亡の時に直ちに相続により当該推定相続人に承継される効力を有する「相続させる」旨の遺言がされる場合であっても異なるものではなく，このような「相続させる」旨の遺言をした遺言者は，通常，遺言時における特定の推定相続人に当該遺産を取得させる意思を有するにとどまるものと解される。

　　したがって，上記のような「相続させる」旨の遺言は，当該遺言により遺産を相続させるものとされた推定相続人が遺言者の死亡以前に死亡した場合には，当該「相続させる」旨の遺言に係る条項と遺言書の他の記載との関係，遺言書作成当時の事情及び遺言者の置かれていた状況などから，遺言者が，上記の場合には，当該推定相続人の代襲者その他の者に遺産を相続させる旨の意思を有していたとみるべき特段の事情のない限り，その効力を生ずることはないと解するのが相当である。

前記事実関係によれば，ＢはＡの死亡以前に死亡したものであり，本件遺言書には，Ａの遺産全部をＢに相続させる旨を記載した条項及び遺言執行者の指定に係る条項のわずか2か条しかなく，ＢがＡの死亡以前に死亡した場合にＢが承継すべきであった遺産をＢ以外の者に承継させる意思を推知させる条項はない上，本件遺言書作成当時，Ａが上記の場合に遺産を承継する者についての考慮をしていなかったことは所論も前提としているところであるから，上記特段の事情があるとはいえず，本件遺言は，その効力を生ずることはないというべきである。」

5　遺贈の目的である権利が遺言者の死亡時において相続財産に属しなかった場合（民法996条）

民法996条本文においては，遺贈の目的である権利が遺言者の死亡時において相続財産に属さない場合において，遺贈は効力を生じないとされています。

もっとも，その権利が相続財産に属するか否かにかかわらず，遺贈の目的としたと認められる場合には，失効しないとされています（同条但書）。

平成30年相続法改正⑫　遺贈の担保責任（民法998条）

民法996条，997条1項は，遺贈義務者の目的物についての取得義務を定めたものですが，以下民法998条は，引渡義務を規定しており，その内容に若干の改正がなされました。

従前，不特定物を遺贈の対象とした場合において，それが相続財産に属しない場合の遺贈義務者の担保責任を規定していましたが，相続財産に属しない財産の遺贈は不特定物に限られるものではなく，特定物の場合もあること，債権法改正により，売買等において，特定物，不特定物かを区別することなく，追完請求等ができることとされたことなどに照らして，不特定物，特定物であるかを問わず，遺贈義務者の引渡義務を規定することになりました。

民法998条

第九百九十八条　遺贈義務者は，遺贈の目的である物又は権利を，相続開始の時（そ

> の後に当該物又は権利について遺贈の目的として特定した場合にあっては，その特定した時）の状態で引き渡し，又は移転する義務を負う。ただし，遺言者がその遺言に別段の意思を表示したときは，その意思に従う。

　この条文が規定されたため，民法第1000条の規定は削除されました。
　すなわち，旧民法1000条は，特定遺贈の目的である物又は権利が，遺言者死亡の時点で，用益物権，担保物件，賃借権等，第三者の権利の対象となっていた場合には，当該遺贈の受遺者は，遺言者が遺言で反対の意思を表示していた場合を除き，当該第三者の権利の消滅を請求できない旨規定されていましたが，民法998条が設けられたことにより，遺贈義務者は，その状態で引き渡せば足り，民法1000条は当然の規定となるため削除されるに至りました。

Ⅱ 遺言無効の主張方法

1 遺言無効確認調停・遺言無効確認の訴え

　調停前置の対象となり，訴えを提起しようとする場合には，まず家庭裁判所に家事調停を申し立てる（家事事件手続法257条1項）とされていますが，調停前置は訴訟要件ではないので，調停前置がなく遺言無効確認の訴えが提起された場合は，例外的に，そのまま審理をすることができることとされています。
　なお，自筆証書遺言の無効確認訴訟において，遺言の有効性についての主張・立証責任は，遺言が有効であると主張する側にあるとされています。

2 遺言無効確認請求の提訴時期に関する問題

【FAQ81】遺言無効確認請求を提起できる時期（遺言者の生前における提訴の可否）
　遺言者が認知症にかかってもう2年以上が経過していて，遺言書を作成できる能力がなくなっている状態です。このような場合には，以前に作成済みの遺言を書き換えられることはないはずですので，遺言について無効確認の

訴えを提起することは可能でしょうか。

あくまで，遺言無効確認の訴えは，遺言者の死亡後でなければできず，生存中に遺言の無効の確認の訴えはできないものとされています。

★ 最高裁判決平成 11 年 6 月 11 日・家月 52 巻 1 号 81 頁

「遺言は遺言者の死亡により初めてその効力が生ずるものであり（民法九八五条一項），遺言者はいつでも既にした遺言を取り消すことができ（同法一〇二二条），遺言者の死亡以前に受遺者が死亡したときには遺贈の効力は生じない（同法九九四条一項）のであるから，遺言者の生存中は遺贈を定めた遺言によって何らかの法律関係も発生しないのであって，受遺者とされた者は，何らかの権利を取得するものではなく，単に将来遺言が効力を生じたときは遺贈の目的物である権利を取得することができる事実上の期待を有する地位にあるにすぎない（最高裁昭和三〇年（オ）第九五号同三一年一〇月四日第一小法廷判決・民集一〇巻一〇号一二二九頁参照）。したがって，このような受遺者とされる者の地位は，確認の訴えの対象となる権利又は法律関係には該当しないというべきである。遺言者が心身喪失の常況にあって，回復する見込みがなく，遺言者による当該遺言の取消又は変更の可能性が事実上ない状態にあるとしても，受遺者とされた者の地位の右のような性質が変わるものではない。したがって，被上告人が遺言者である上告人 X 生存中に本件遺言の無効確認を求める本件訴えは，不適法なものというべきである。」

3　付随論点

遺言が無効であると争っている遺言が遺留分を侵害している場合には，遺言が有効であった場合に備えて，遺留分減殺請求の意思表示を予備的に主張しておく必要があります（後述の最高裁判決昭和 57 年 11 月 12 日・民集 36 巻 11 号 2193 頁参照）。

Ⅲ 無効な遺言の転換の問題

【FAQ82】無効な自筆証書遺言の死因贈与契約への転換

自筆証書遺言は，方式の不備により無効となってしまいましたが，この書面をもとに，死因贈与契約があったものとして主張することはできませんか。

可能な場合があります。

贈与契約である以上，双方の諾成が必要ですが，書面上には，贈与者の権利移転の意思が表示されていれば足り，受贈者の同意が表示されている必要までは必ずしもありません。

★ 東京地裁判決昭和 56 年 8 月 3 日・判例時報 1041 号 84 頁

「仮に本件遺言書が自筆証書遺言としての要式性を欠くものとして無効であるとしても，X が，昭和五一年三月一七日，自分が死亡した場合には自分の財産の二分の一を原告に贈与する意思を表示したものであり，原告はこの申し出を受け入れたものであると認めるのが相当である。

なお，本件遺言書には，X の財産のうちのどれを原告に贈与するのかについての具体的記載はなされていないが，これは，X が特定の財産ではなく自分の全財産の二分の一を原告に贈与する意思を有していたから，ことさら財産の特定をしなかつたものと解するのが相当である。」

Ⅳ 遺言の撤回

【FAQ83】遺言の撤回

子供がおらず，とてもよくなついてくれていた人を養子として縁組をすることとしました。そして，遺言をして，この養子に全財産を相続させる旨の遺言をしました。

その後，この養子とは，あることをきっかけに非常に関係が悪化したため，離縁をすることとしました。しかし，特に，遺言自体を撤回するなどをすることをせずに，遺言者は死亡してしまいました。この場合の遺言の効力は，

どうなりますか。

遺言は，無効となる可能性が高いものと思料されます。

★ 最高裁判決昭和56年11月13日・民集35巻8号1251頁

「民法一〇二三条一項は，前の遺言と後の遺言と抵触するときは，その抵触する部分については，後の遺言で前の遺言を取り消したものとみなす旨定め，同条二項は，遺言と遺言後の生前処分その他の法律行為と抵触する場合にこれを準用する旨定めているが，その法意は，遺言者がした生前処分に表示された遺言者の最終意思を重んずるにあることはいうまでもないから，同条二項にいう抵触とは，単に，後の生前処分を実現しようとするときには前の遺言の執行が客観的に不能となるような場合にのみにとどまらず，諸般の事情より観察して後の生前処分が前の遺言と両立せしめない趣旨のもとにされたことが明らかである場合をも包含するものと解するのが相当である。そして，原審の適法に確定した前記一の事実関係によれば，Aは，上告人らから終生扶養を受けることを前提として上告人らと養子縁組したうえその所有する不動産の大半を上告人らに遺贈する旨の本件遺言をしたが，その後上告人らに対し不信の念を深くして上告人らとの間で協議離縁し，法律上も事実上も上告人らから扶養を受けないことにしたというのであるから，右協議離縁は前に本件遺言によりされた遺贈と両立せしめない趣旨のもとにされたものというべきであり，したがつて，本件遺贈は後の協議離縁と抵触するものとして前示民法の規定により取り消されたものとみなさざるをえない筋合いである。」

【FAQ84】遺言の撤回

一旦遺言を作成したのですが，遺言とは異なる内容にしたいと思い，赤色ボールペンで，遺言書の文面全体に斜線を引きました。この場合には，作成した遺言を撤回したことになりますか。

遺言は，無効となる可能性が高いものと思料されます。

★ 最高裁判決平成27年11月20日・家判6号60頁
「民法は，自筆証書である遺言書に改変等を加える行為について，それが遺言書中の加算その他の変更に当たる場合には，968条2項所定の厳格な方式を遵守したときに限って変更としての効力を認める一方で，それが遺言書の破棄に当たる場合には，遺言者がそれを故意に行ったときにその破棄した部分について遺言を撤回したものとみなすこととしている（1024条前段）。そして，前者は，遺言の効力を維持することを前提に遺言書の一部を変更する場合を想定した規定であるから，遺言書の一部を抹消した後にもなお元の文字が判読できる状態であれば，民法968条2項所定の方式を具備していない限り，抹消としての効力を否定するという判断もあり得よう。ところが，<u>本件のように赤色のボールペンで遺言書の文面全体に斜線を引く行為は，その行為の有する一般的な意味に照らして，その遺言書の全体を不要のものとし，そこに記載された遺言の全ての効力を失わせる意思の表れとみるのが相当であるから，その行為の効力について，一部の抹消の場合と同様に判断することはできない。</u>
　以上によれば，本件遺言書に故意に本件斜線を引く行為は，民法1024条前段所定の「故意に遺言書を破棄したとき」に該当するというべきであり，<u>これによりAは本件遺言を撤回したものとみなされる</u>ことになる。」

【FAQ85】旧遺言の復活

　第1遺言を第2遺言で撤回したのですが，やはり第1遺言を復活させたくて，第3遺言でもって第2遺言を撤回した場合に，第1遺言は有効となりますか。
　第3遺言によって，第2遺言を撤回し，第1遺言を有効にするという趣旨を明らかにしていれば，第1遺言は有効となります。
　なお，民法1025条では，「前三条の規定により撤回された遺言は，その撤回の行為が，撤回され，取り消され，又は効力を生じなくなるに至ったときであっても，その効力を回復しない。ただし，その行為が詐欺又は強迫による場合は，

この限りでない。」と規定しており，民法は詐欺，強迫により取り消された場合を除いて，非復活主義を採用していますが，下記のような判例の状況に限って，例外を認めています。もっとも，本判例の射程についても議論があるところであり，改めて第1遺言と同様の遺言を書くことをお勧めします。

★ 最高裁判決平成9年11月13日・民集51巻10号4144頁

「遺言（以下「原遺言」という。）を遺言の方式に従って撤回した遺言者が，更に右撤回遺言を遺言の方式に従って撤回した場合において，遺言書の記載に照らし，遺言者の意思が原遺言の復活を希望するものであることが明らかなときは，民法一〇二五条ただし書の法意にかんがみ，遺言者の真意を尊重して原遺言の効力の復活を認めるのが相当と解される。

これを本件について見ると，前記一の事実関係によれば，亡Aは，乙遺言をもって甲遺言を撤回し，更に丙遺言をもって乙遺言を撤回したものであり，丙遺言書の記載によれば，亡Aが原遺言である甲遺言を復活させることを希望していたことがあきらかであるから，本件においては，甲遺言をもって有効な遺言と認めるのが相当である。」

平成30年相続法改正⑬　遺言の撤回の錯誤（民法1025条）

　民法1025条では，「前三条の規定により撤回された遺言は，その撤回の行為が，撤回され，取り消され，又は効力を生じなくなるに至ったときであっても，その効力は回復しない。ただし，その行為が詐欺，強迫により取り消された場合は，この限りでない。」と規定されていますが，改正により，詐欺，強迫以外に，錯誤に基づく場合でもその趣旨は共通するため，「錯誤」も加えられることになりました。

　民法1025条

> 第千二十五条　前三条の規定により撤回された遺言は，その撤回の行為が，撤回され，取り消され，又は効力を生じなくなるに至ったときであっても，その効力は回復しない。ただし，その行為が錯誤，詐欺，強迫により取り消された場合は，この限りでない。

Ⅴ 相続させる旨の遺言（改正民法：特定財産承継遺言）

【FAQ86】相続させる旨の遺言

　全財産について特定の相続人に相続させるという遺言がある場合は，これに不服であるとして，遺産分割協議の申立てをすることはできますか。

　「相続させる」旨の遺言は，遺産の分割方法を定めた遺言であり，何らの行為を要せずして，被相続人の死亡の時に直ちに特定の遺産が特定の相続人に相続により承継されることとなり，結果として，遺産分割協議や審判を経る余地はなくなるので（遺産分割効果説），遺産分割協議の申立てがあっても，実質的な手続きはできないことになります。他の相続人としては，遺留分減殺請求をしていくことになります。

★ 最高裁判決平成3年4月19日・民集45巻4号477頁

　「被相続人の遺産の承継関係に関する遺言については，遺言書において表明されている遺言者の意思を尊重して合理的にその趣旨を解釈すべきものであるところ，遺言者は，各相続人との関係にあっては，その者と各相続人との身分関係及び生活関係，各相続人の現在及び将来の生活状況及び資力その他の経済関係，特定の不動産その他の遺産についての特定の相続人のかかわりあいの関係等各般の事情を配慮して遺言をするのであるから，遺言書において特定の遺産を特定の相続人に「相続させる」趣旨の遺言者の意思が表明されている場合，当該相続人も当該遺産を他の共同相続人と共にではあるが当然相続する地位にあることにかんがみれば，遺言者の意思は，右の各般の事情を配慮して，当該遺産を当該相続人をして，他の共同相続人と共にではなくして，単独で相続させようとする趣旨のものと解するのが当然の合理的な意思解釈というべきであり，遺言書の記載から，その趣旨が遺贈であることが明らかであるか又は遺贈と解すべき特段の事情がない限り，遺贈と解すべきではない。そして，右の「相続させる」趣旨の遺言，すなわち，特定の遺産を特定の相続人に単独で相続により承継させようとする遺言は，前記の各般の事情を配慮しての被相続人の意思として当然あり得る合理的な遺産の分

割の方法を定めるものであって，民法九〇八条において被相続人が遺言で遺産の分割の方法を定めることができるとしているのも，遺産の分割の方法として，このような特定の遺産を特定の相続人に単独で相続により承継させることをも遺言で定めることを可能にするために外ならない。したがって，右の「相続させる」趣旨の遺言は，正に同条にいう遺産の分割の方法を定めた遺言であり，他の共同相続人も右の遺言に拘束され，これと異なる遺産分割の協議，さらには審判もなし得ないのであるから，このような遺言にあっては，遺言者の意思に合致するものとして，遺産の一部である当該遺産を当該相続人に帰属させる遺産の一部の分割がなされたのと同様の遺産の承継関係を生ぜしめるものであり，当該遺言において相続による承継を当該相続人の受諾の意思表示にかからせたなどの特段の事情のない限り，何らの行為を要せずして，被相続人の死亡の時（遺言の効力の生じた時）に直ちに当該遺産が当該相続人に相続により承継されるものと解すべきである。そしてその場合，遺産分割の協議又は審判においては，当該遺産の承継を参酌して残余の遺産の分割がされることはいうまでもないとしても，当該遺産については，右の協議又は審判を経る余地はないものというべきである。もっとも，そのような場合においても，当該特定の相続人はなお相続の放棄の自由を有するのであるから，その者が所定の相続の放棄をしたときは，さかのぼって当該遺産がその者に相続されなかったことになるのはもちろんであり，また，場合によっては，他の相続人の遺留分減殺請求権の行使を妨げるものではない。」

【「相続させる」旨の遺言と「遺贈」との相違点】

	相続させる旨の遺言	遺　　贈
所有権移転登記	単独申請可能	相続人と受遺者の共同申請
賃貸人の承諾の可否	不要	必要
農地法3条の許可	不要	必要
対抗要件の具備	不要：（後述の改正注意）	必要

以上のとおり，「相続させる」旨の遺言のほうが諸々便宜なため，遺言を作

成する場合には、「相続させる」旨の遺言を書くことをお勧めします。

もっとも、対抗要件の点については、民法改正がなされましたので、注意が必要です。以下、事例とともに説明します。

【FAQ87】 相続分を超える遺産の相続と対抗要件

私Xは、被相続人から相続させる旨の遺言により法定相続分を超えてA不動産全てを取得しました。しかし、共同相続人Yが勝手に私が遺言で取得するはずであったこのA不動産の法定相続分について共有登記を設定して、第三者Zに売却して、登記を経由されてしまいました。私Xは、第三者Zに対して、この不動産の所有権の取得を対抗することができますか。

最高裁判決平成14年6月10日・判例時報1791号・59頁によれば、対抗することができるとされていました。もっとも、遺贈や遺産分割によって法定相続分を超える権利を取得した受遺者・相続人は、登記なくして第三者に対抗できないとされている整合性、不測の損害を受ける第三者の保護の観点から、平成30年相続法改正により、法定相続分を超える部分については、登記、登録その他の対抗要件を備えなければ、第三者に対抗することができないという対抗要件主義がとられることになりましたので、Xは法定相続分を超える部分については第三者へ対抗できないことになります。すなわち、改正民法により、判例法理が変更されたことになります。

★ 最高裁判決平成14年6月10日・判例時報1791号・59頁

「特定の遺産を特定の相続人に「相続させる」趣旨の遺言は、特段の事情のない限り、何らの行為を要せずに、被相続人の死亡の時に直ちに当該遺産が当該相続人に相続により承継される（最高裁平成元年（オ）第174号同3年4月19日第二小法廷判決・民集45・4号477頁参照）。このように、「相続させる」趣旨の遺言による権利の移転は、法定相続分又は指定相続分の相続の場合と本質において異なるところはない。そして、法定相続分又は指定相続分の相続による不動産の権利の取得については、登記なくしてその権利を第三者に対抗することができる（最高裁昭和35年（オ）第1197号同38年2月

22日第二小法廷判決・民集17巻1号235頁，最高裁平成元年(オ)第714号同5年7月19日第二小法廷判決・裁判集民事169号243頁参照）。したがって，本件において，被上告人は，本件遺言によって取得した不動産又は共有持分権を，登記なくして上告人らに対抗することができる。」

平成30年相続法改正⑭　相続による権利の承継に関する改正

　上記のとおり，相続させる旨の遺言がある場合に，最高裁判決平成14年6月10日によれば，相続人が法定相続分を超える割合の不動産を取得した時でも，登記なくして，これを第三者に対抗できることになります。また，被相続人の債務者が，遺言の存在を知らないで，法定相続分に従って弁済すると，債務者が準占有者に対する弁済の要件を満たしていることを立証しない限り，遺言と異なる部分の弁済は，無効となってしまいます。

　しかし，遺言がある場合とない場合によって，相続債権者，被相続人の債務者等の第三者の法的安定性が害されることになり，合理的でないという指摘がありました。

　そこで，相続による権利の承継の場面でも，法定相続分を超える部分については，登記，登録その他の対抗要件を備えなければ，第三者に対抗することができないという対抗要件主義がとられることになりました（改正民法899条の2第1項）。

　また，改正民法899条の2第2項は，相続人が複数いる場合に，他の相続人の協力を得られないことにより，対抗要件具備ができなくなってしまう不都合を回避するために設けられた債権承継の対抗要件である通知に関する特則とされています。

改正民法899条の2

> 第八百九十九条の二　相続による権利の承継は，遺産の分割によるものかどうかにかかわらず，次条及び第901条の規定により算定した相続分を超える部分については，登記，登録その他の対抗要件を備えなければ，第三者に対抗することができない。

143

> 2 前項の権利が債権である場合において，次条及び第901条の規定により算定した相続分を超えて当該債権を承継した共同相続人が当該債権に係る遺言の内容（遺産の分割により当該債権を承継した場合にあっては，当該債権に係る遺産の分割の内容）を明らかにして債務者にその承継の通知をしたときは，共同相続人の全員が債務者に通知をしたものとみなして，同項の規定を適用する。

Ⅵ 遺言執行者にまつわる問題

旧民法1015条では，遺言執行者の法的地位について，「相続人の代理人とみなす」とする規定があるのみで，規定上必ずしも明確ではありませんでした。そのため，相続人と遺言者の利益が相反する場合もあり，遺言執行者としてどのように行動すればよいかが明らかでない場面が多かったところです。そこで，遺言執行者の法的地位や権限を明確にする改正が行われました。

平成30年相続法改正⑮ 遺言執行者の権限の明確化（民法1007条，1012条，1015条，1016条）

改正民法1007条2項

> 2 遺言執行者は，その任務を開始したときは，遅滞なく，遺言の内容を相続人に通知しなければならない。

遺言執行者がいない場合には，遺言は相続人によって実現されるため，遺言執行者や遺言の内容は，相続人にとって利害関係があるところですが，旧民法上では，遺言執行者がいる場合に，相続人が遺言の内容を知る手段が確保されていなかったため，本条2項が設けられるに至りました。

改正民法1012条

> 第千十二条 遺言執行者は，遺言の内容を実現するため，相続財産の管理その他遺言の執行に必要な一切の行為をする権利義務を有する。
> 2 遺言執行者がある場合には，遺贈の履行は，遺言執行者のみが行うことができる。

第1項については，遺言執行者は，あくまで遺言を実現することを職務とするものであり，必ずしも相続人の利益のために職を行うものではないことを明

記したものです。

　これにより，遺留分減殺請求が出されているような場合にも，遺言執行者は遺言にしたがって職務を行えばよいことになります。

　第2項については，遺贈の受遺者において，遺贈の履行請求の相手方を明確化した規定です。

　改正民法1015条

> 第千十五条　遺言執行者がその権限内において遺言執行者であることを示してした行為は，相続人に対して直接にその効力を生ずる。

　旧民法1015条の「相続人の代理人とみなす」という点について誤解がないように，その実質的な意味を示したものです。

　民法1016条

> 第千十六条　遺言執行者は，自己の責任で第三者にその任務を行わせることができる。ただし，遺言者がその遺言に別段の意思を表示したときは，その意思に従う。
> 2　前項本文の場合において，第三者に任務を行わせることについてやむを得ない事由があるときは，遺言執行者は，相続人に対してその選任及び監督についての責任のみを負う。

　旧民法では，遺言執行者は，原則としてやむを得ない事由がなければ，第三者にその任務を行わせることができないこととされ，復任権が制限されていました。しかしながら，遺言執行者についても，遺言内容によっては複雑であり，弁護士等の法律専門家に一任するほうが適切な場合もあるため，復任権を認めることとしたものです。

【FAQ88】遺言執行者と相続登記

　遺言執行者の立場の者です。特定のA不動産をBに相続させる旨の遺言がある場合は，遺言執行者として，A不動産について，遺言の執行として登記手続きをする義務を負いますか。

　基本的には，義務は負いません。

　A不動産について，Bに相続させる旨の遺言は，遺産分割方法の指定であり，遺言者の死亡とともに直ちにその特定の遺産が特定の相続人に「相続」を原因

として承継されることとなり、「相続」を原因とする所有権移転登記は、相続人が申請できるため、A不動産についての所有権移転時は、Bが単独で申請でき、遺言執行者の職務は顕在化しないとされています。

なお、登記が被相続人名義から相続人以外の者に不当に移転されているなどのケースにおいては、遺言の実現を妨害する状態を排除するために、遺言執行者の職務が生じる余地があります（最高裁判決平成11年12月16日・民集53巻9号1989頁）。本件のような相続させる旨の遺言ではなく、遺贈による所有権移転登記は、受遺者を登記権利者、遺言執行者を登記義務者として共同申請が必要となります。

★ 最高裁判決平成7年1月24日・判例時報1523号81頁
「特定の不動産を特定の相続人甲に相続させる旨の遺言により、甲が被相続人の死亡とともに相続により当該不動産の所有権を取得した場合には、甲が単独でその旨の所有権移転登記手続をすることができ、遺言執行者は、遺言の執行として右の登記手続をする義務を負うものではない。」

★ 最高裁判決平成11年12月16日・民集53巻9号1989頁
「特定の不動産を特定の相続人甲に相続させる趣旨の遺言（相続させる遺言）は、特段の事情がない限り、当該不動産を甲をして単独で相続させる遺産分割方法の指定の性質を有するものであり、これにより何らの行為を要することなく被相続人の死亡の時に直ちに当該不動産が甲に相続により承継されるものと解される（最高裁平成元年(オ)第一七四号同三年四月一九日第二小法廷判決・民集四五巻四号四七七頁参照）。しかしながら、**相続させる遺言が右のような即時の権利移転の効力を有するからといって、当該遺言の内容を具体的に実現するための執行行為が当然に不要になるというものではない。**

そして、不動産取引における登記の重要性にかんがみると、相続させる遺言による権利移転について対抗要件を必要とすると解すると否とを問わず、甲に当該不動産の所有権移転登記を取得させることは、民法一〇一二条一項にいう「遺言の執行に必要な行為」に当たり、遺言執行者の職務権限に属するものと解するのが相当である。もっとも、**登記実務上、相続させる遺言に**

ついては不動産登記法二七条により甲が単独で登記申請をすることができるとされているから，当該不動産が被相続人名義である限りは，遺言執行者の職務は顕在化せず，遺言執行者は登記手続をすべき権利も義務も有しない（最高裁平成三年（オ）第一〇五七号同七年一月二四日第三小法廷判決・裁判集民事一七四号六七頁参照）。しかし，本件のように，甲への所有権移転登記がされる前に，他の相続人が当該不動産につき自己名義の所有権移転登記を経由したため，遺言の実現が妨害される状態が出現したような場合には，遺言執行者は，遺言執行の一環として，右の妨害を排除するため，右所有権移転登記の抹消登記手続を求めることができ，さらには，甲への真正な登記名義の回復を原因とする所有権移転登記手続を求めることもできると解するのが相当である。この場合には，甲において自ら当該不動産の所有権に基づき同様の登記手続請求をすることができるが，このことは遺言執行者の右職務権限に影響を及ぼすものではない。」

平成30年相続法改正⑯　遺言執行者の権限の明確化（民法1014条2項～4項）

　相続させる旨の遺言の効果は学説上争いがあったことから，遺言執行者の履行内容を明確化するために，相続させる旨の遺言がなされた場合において，遺言執行者が対抗要件の具備行為ができることを明らかにしました。

　なお，上記の平成11年12月16日の最高裁判決では，不動産を相続させる旨の遺言がある場合に，受益相続人が単独で登記申請することができると判示していますが，1014条2項の改正についても，「遺言執行者は，‥対抗要件を備えるために必要な行為をすることができる。」と規定しているので，受益相続人が従前どおり単独で不動産の移転登記をすることを妨げるものではありません。

改正民法1014条2項～4項

> 2　遺産の分割の方法の指定として遺産に属する特定の財産を共同相続人の一人又は数人に承継させる旨の遺言（以下「特定財産承継遺言」という。）があったときは，遺言執行者は，当該共同相続人が第八百九十九条の二第一項に規定する対抗

要件を備えるために必要な行為をすることができる。
　3　前項の財産が預貯金債権である場合には，遺言執行者は，同項に規定する行為のほか，その預金又は貯金の払戻しの請求及びその預金又は貯金に係る契約の解約の申入れをすることができる。ただし，解約申入れについては，その預貯金債権の全部が特定財産承継遺言の目的である場合に限る。
　4　前二項の規定にかかわらず，被相続人が遺言で別段の意思を表示したときは，その意思に従う。

【FAQ89】遺言執行者と預金の払い戻し

　遺言執行者の立場の者です。預金の払い戻しは，遺言執行者の職務でしょうか。

　最高裁の判例はないものの，この点は，通常遺言執行者の職に属するとされています。実際に，金融機関においても，弁護士等の遺言執行者が払い戻しを求める場合には，これに応じていただいています。

【FAQ90】遺言執行者と相続人の行為

　遺言執行者がいる場合に，相続人の処分行為はどのように解されますか。

　相続人の処分行為は，絶対的無効とされていました（大審院判決昭和5年6月16日・大審院民集9巻550頁）。しかし，改正民法1013条2項により，第三者が善意である場合には，相続人に処分権限がないことが治癒され，対抗関係として処理されることになりました（相対的無効）。

　相続人の行為が無効とされるので，相続人によって不当な行為が行われうる場合の対抗策となるので，遺言執行者を付けるメリットの一つといわれています。

　また，遺言執行者がいる場合には，相続人全員の協力を得る必要なく，金融機関との遺言執行の手続きがスムーズとなるため，相続人の協力が期待できないような事案において，遺言実現が円滑にいく点もメリットとして挙げられます。

平成30年相続法改正⑰　遺言執行者がある場合における相続人の処分行為の効果等（民法1013条）

　判例上は，遺言執行者がいる場合に，相続人の処分行為は絶対的無効と解されていましたが，特定財産承継遺言や相続分の指定がなされた場合にも対抗要件主義を拡張したにもかかわらず，遺言執行者の有無により，結論が異なることは遺言の存否や内容を知らない第三者の法的安定性が害されるため，これらの者を保護することになりました。

　すなわち，1013条2項では，相続人が相続財産の処分その他遺言の執行を妨げるべき行為を無効としつつ，第三者との関係では第三者が善意である場合には，相続人に処分権限がないことが治癒され，対抗問題として処理されることとしたものです。

　また，1013条3項では，相続人の債権者は，遺言執行者の有無にかかわらず，また，同債権者が遺言執行者の有無について認識しているか否かにかかわらず，相続財産に対する権利行使をすることができる旨を規定しています。

民法1013条2項・3項

> 2　前項の規定に違反してした行為は，無効とする。ただし，これをもって善意の第三者に対抗することができない。
> 3　前二項の規定は，相続人の債権者（相続債権者を含む。）が相続財産についてその権利を行使することを妨げない。

第7

遺留分にまつわる問題

I 遺留分

　遺留分制度とは、被相続人が有していた相続財産について、その一定割合の承継を一定の法定相続人に保証する制度とされています（民法1028条〜1044条）。

　本来的には、被相続人は、自分の財産について自由に処分することができるという財産処分の自由があるはずですが、これと一定の法定相続人（遺留分権利者：遺留分は、兄弟姉妹及びその代襲者にはありません）の生活保障及び家族財産の公平な分配という要請の調和を図ろうとする制度とされています。

　すなわち、最高裁判決平成13年11月22日・民集55巻6号1033頁においては、「遺留分制度は、被相続人の財産処分の自由と身分関係を背景とした相続人の諸利益との調整を図るものである。民法は、被相続人の財産処分の自由を尊重して、遺留分を侵害する遺言について、いったんその意思どおりの効果を生じさせるものとしたうえ、これを覆して侵害された遺留分を回復するかどうかを、専ら遺留分権利者の自律的決定に委ねたもの（1031条、1043条）」としています。

II 遺留分の算定方法

1 総体的遺留分（遺留分権利者全体の遺留分の割合）

　★ 直系尊属のみが相続人の場合　　3分の1

★ その他の場合（相続人が子，配偶者，配偶者と直系尊属など）2分の1

2　個別的遺留分

総体的遺留分に各自の法定相続分を乗じたものを指します。

3　遺留分の算定の基礎となる財産の価額

次の算式によって算出します。

遺留分の算定の基礎となる財産の価額＝「① 相続開始時に被相続人が有していた財産の価額」＋「② 被相続人が贈与した財産の価額」－「③ 相続債務の全額」

①・②・③の内容を説明すると，次のとおりです。

相続開始時に被相続人が有していた財産の価額	遺留分の算定の基礎となる財産の価額 （※この部分に個別的遺留分割合を乗じたものが遺留分額となります。）
相続開始前1年間になされた贈与 （負担付贈与の場合には，負担価格を控除）	
当事者双方が遺留分権利者に損害を与えることを知ってなされた贈与	
（負担付贈与の場合には，負担価格を控除）	
不相当な対価でなされた有償行為 （相当対価を差し引いた残額部分を加算）	
共同相続人への特別受益の贈与	相続債務 （私法上の債務＋公法上の債務，罰金など）

① 相続開始時に被相続人が有していた財産の価額

　相続財産のうち，積極財産を指します。

② 加算される贈与額の範囲

　ア　相続開始前1年間になされた贈与（民法1030条前段）

　　贈与契約の締結が相続開始前1年間になされている必要があります。

　イ　当事者双方が遺留分権利者に損害を与えることを知ってなされた贈与

（民法1030条後段）

　　この場合には，相続開始の1年以上前であっても，基礎財産に算入します。「遺留分権利者に損害を与えることを知って」の意義については，遺留分を侵害するという程度の認識があればよく，加害の意図や誰が遺留分権利者であるかを知っている必要はありません。もっとも，「損害を加えることを知って」いたといえるためには，将来も遺留分の侵害が続くと予見していたことが必要とされています（大審院昭和11年6月17日）。

ウ　共同相続人への特別受益の贈与

　　共同相続人への特別受益となる贈与についても，相続開始の1年以上前であっても，また加害の認識の有無にかかわらず，基礎財産に算入します。

　　ただし，共同相続人に対する贈与については，後述するとおり，改正民法1044条3項により，原則として，相続開始前10年以内になされた特別受益に該当する生前贈与の価額が遺留分を算定するための財産の価額に算入される旨改正されるので，注意を要します。

エ　不相当な対価でなされた有償行為

　　不相当な対価でなされた有償行為は，当事者双方が遺留分権利者を害することを知って行ったものに限り，贈与とみなされ，対価を差し引いた残額が贈与として加算されます（民法1039条）。

オ　負担付贈与

　　負担付贈与は，その目的の価格中から負担の価格を控除して加算します（民法1038条）。

③　控除される債務

　相続債務には，私法上の債務だけではなく，租税債務などの公法上の債務，罰金等も含まれます。

※　保証債務の取扱い

　　主たる債務者が弁済不能の状態にあるため，保証人がその債務を履行しなければならず，かつ，その履行による出捐を主たる債務者に求償しても返還を受けられる見込みがないような特段の事情が存在する場合でない限り，控

除される債務にはあたらないとされています（東京高裁判決平成 8 年 11 月 7 日・判例時報 1637 号 31 頁）。

4　遺留分額の結論

遺留分額＝遺留分算定の基礎となる財産額（上記 3）×個別的遺留分（上記 2）となります。

遺留分算定の基礎となる財産額を算出する過程が重要となります。

【ＦＡＱ９１】特別受益としての贈与と遺留分算定の基礎

私は，被相続人から 3 年前に特別受益としての贈与を受けています。しかし，民法 1030 条においては，相続開始前の 1 年間にされた贈与に限って遺留分の算定に含めるとされています。

特別受益としての贈与を受けましたが，相続開始の 1 年以上前にされたものですので，遺留分算定の基礎となる財産額に算入されないということでよいのでしょうか。

下記の最高裁判決平成 10 年 3 月 24 日のように，特別受益としての贈与は，特段の事情のない限り，相続開始前 1 年間であるか否かを問わないとされていましたが，改正民法 1044 条 3 項により，原則として，相続開始前 10 年以内になされた特別受益に該当する生前贈与の価額が遺留分を算定するための財産の価額に算入されるということになります。

本件の場合は，特別受益としての贈与が相続開始前 3 年以内ですので，改正法の下でも遺留分算定の基礎となる財産額に算入されることになります。

★ 最高裁判決平成 10 年 3 月 24 日・民集 52 巻 2 号 433 頁

「民法九〇三条一項の定める相続人に対する贈与は，右贈与が相続開始よりも相当以前にされたものであって，その後の時の経過に伴う社会経済事情や相続人など関係人の個人的事情の変化をも考慮するとき，減殺請求を認めることが右相続人に酷であるなどの特段の事情のない限り，民法一〇三〇条の定める要件を満たさないものであっても，遺留分減殺の対象となるものと解

するのが相当である。けだし，民法九〇三条一項の定める相続人に対する贈与は，すべて民法一〇四四条，九〇三条の規定により遺留分算定の基礎となる財産に含まれるところ，右贈与のうち民法一〇三〇条の定める要件を満たさないものが遺留分減殺の対象とならないとすると，遺留分を侵害された相続人が存在するにもかかわらず，減殺の対象となるべき遺贈，贈与がないために右の者が遺留分相当額を確保できないことが起こり得るが，このことは遺留分制度の趣旨を没却するものというべきであるからである。」

平成30年相続法改正⑱　遺留分の算定方法の見直し（民法1044条）

　上記の最高裁判決平成10年3月24日では，相続人に対して生前贈与がなされた場合には，その時期を問わずに遺留分を算定するための財産の価額に算入されるというのが判例の立場でした。

　しかし，当該実務運用は，被相続人が相続開始からはるか昔にした相続人に対する贈与によって，第三者である受遺者が受ける遺留分侵害の範囲に影響を与えるものであり，第三者である受遺者は，相続人に対する古い贈与の存在は知らないのが通常であるため，当該第三者の法的安定性を確保するために，遺留分を算定するための財産の価額に算入される生前贈与に関する規律が見直されました。

　民法1044条

> 第千四十四条　贈与は，相続開始前の一年間にしたものに限り，前条の規定によりその価額を算入する。当事者双方が遺留分権利者に損害を加えることを知って贈与をしたときは，一年前の日より前にしたものについても，同様とする。
> 2　第九百四条の規定は，前項に規定する贈与の価額について準用する。
> 3　相続人に対する贈与についての第一項の規定の適用については，同項中「一年」とあるのは「十年」と，「価額」とあるのは「価額（婚姻若しくは養子縁組のため又は生計の資本として受けた贈与の価額に限る。）」とする。

★ 相続法改正後の「遺留分を算定するための財産の価額」に算入される生前贈与に関するまとめ

［相続人に対する生前贈与］

　原則として，相続開始前10年以内になされた特別受益に該当する生前贈与の価額

［第三者に対する生前贈与］

　原則として，相続開始前1年以内になされた生前贈与の価額

［例　　外］

　相続人及び第三者に対する生前贈与でも，贈与者と受贈者双方が遺留分権利者に損害を加えることを知って贈与をしたときは，期間制限がない。

【FAQ92】持戻し免除の意思表示がある場合と遺留分算定の基礎

　私は，被相続人から3年前に特別受益としての贈与を受けています。しかし，被相続人からは，当該特別受益について，持戻し免除の意思表示を受けました。

　このように，被相続人から持戻しの免除の意思表示を受けた以上は，遺留分算定の基礎に入れなくてもよいのでしょうか。

　遺留分算定の基礎に算入されるものとされています。

★ 最高裁決定平成24年1月26日・判例時報2148号61頁

　「遺留分権利者の遺留分の額は，被相続人が相続開始の時に有していた財産の価額にその贈与した財産の価額を加え，その中から債務の全額を控除して遺留分算定の基礎となる財産額を確定し，それに遺留分割合を乗ずるなどして算定すべきところ（民法1028条ないし1030条，1044条），上記の遺留分制度の趣旨等に鑑みれば，被相続人が，特別受益に当たる贈与につき，当該贈与に係る財産の価額を相続財産に算入することを要しない旨の意思表示（以下「持戻し免除の意思表示」という。）をしていた場合であっても，上記価額は遺留分算定の基礎となる財産額に算入されるものと解される。したがって，前記事実関係の下においては，上記(1)のとおり本件遺言による

相続分の指定が減殺されても，抗告人らの遺留分を確保するには足りないことになる。

　本件遺留分減殺請求は，本件遺言により相続分を零とする指定を受けた共同相続人である抗告人らから，相続分全部の指定を受けた他の共同相続人である相手方らに対して行われたものであることからすれば，Aの遺産分割において抗告人らの遺留分を確保するのに必要な限度で相手方らに対するAの生前の財産処分行為を減殺することを，その趣旨とするものと解される。そうすると，本件遺留分減殺請求により，抗告人らの遺留分を侵害する本件持戻し免除の意思表示が減殺されることになるが，遺留分減殺請求により特別受益に当たる贈与についてされた持戻し免除の意思表示が減殺された場合，持戻し免除の意思表示は，遺留分を侵害する限度で失効し，当該贈与に係る財産の価額は，上記の限度で，遺留分権利者である相続人の相続分に加算され，当該贈与を受けた相続人の相続分から控除されるものと解するのが相当である。持戻し免除の意思表示が上記の限度で失効した場合に，その限度で当該贈与に係る財産の価額を相続財産とみなして各共同相続人の具体的相続分を算定すると，上記価額が共同相続人全員に配分され，遺留分権利者において遺留分相当額の財産を確保し得ないこととなり，上記の遺留分制度の趣旨に反する結果となることは明らかである。」

Ⅲ　遺留分の放棄

1　相続開始後の遺留分の放棄

　相続開始後においては，家庭裁判所の許可など何らの制約がなく，自由に遺留分を放棄することができます。遺留分減殺請求の相手方に対して，遺留分放棄の意思表示をすることになります。

2　相続開始前の遺留分の放棄

　相続開始前に遺留分の放棄をする場合には，家庭裁判所の許可を得る必要があります。
★　家庭裁判所が相続開始前の遺留分放棄を許可する基準
　①　遺留分の放棄が本人の自由意思に基づくこと
　②　遺留分の放棄の理由に合理性と必要性があること
　③　代償性があること（遺留分の放棄と引き換えに現金をもらう，贈与などの代償がある）

【FAQ93】相続開始前の遺留分の放棄

　老親夫婦のために親と同居する相続人以外の相続人が相続開始前に遺留分を放棄しようと思いますが，可能ですか。親と同居する相続人は，親の介護などで非常に大変な状況のために，他の相続人が配慮してのことです。

　上記の3要件を満たしているものであり，相続開始前の放棄も有効と考えられます。

　なお，自己の結婚について，父母の了解を得たいという理由で，遺留分放棄をした事案では，本人の自由意思に基づくものに疑問があるとして不許可とされた事案もあります（和歌山家裁妙寺支部審判昭和63年10月7日・家月41巻2号155頁）。

第8

遺留分減殺請求権にまつわる問題

遺留分減殺請求権については，平成30年相続法改正により，その効力及び法的性質が大幅に見直されましたので，まず，以下のとおり紹介します。

平成30年相続法改正⑲　遺留分減殺請求権の効力及び法的性質の見直し（民法1046条）

従前は，遺留分減殺請求権の法的効果としては，物権的効果が生じるとされていました。もっとも，遺留分減殺請求権が行使され，物権的効果が生じると，受益者と遺留分減殺請求者との共有となってしまい，円滑な財産の処分や事業承継などが困難となり，新たな紛争の火種となっていました。

そこで，遺留分権利者には，物権的な効果まで認めずに，遺留分侵害額に相当する金銭の支払請求権を付与するという改正が行われました（民法1046条第1項）。

また，このように改正しても，遺留分制度は，遺留分権利者の生活保障及び家族財産の衡平な分配が制度趣旨ですので，物権的効果まで認めなくても，制度趣旨は没却されないところです。

物権的効果ではなく，金銭的請求権に代わりますので，遺留分「減殺」という表現から遺留分「侵害」という表現に変更されることになります。

また，遺留分侵害額の計算方法は，法律上明示されていませんでしたが，実務的には固まっているところですので，明文化されることになりました（民法1046条2項）。

民法1046条

第千四十六条　遺留分権利者及びその承継人は，受遺者（特定財産承継文言により

財産を承継し又は相続分の指定を受けた相続人を含む。以下この章において同じ。）又は受贈者に対し，遺留分侵害額に相当する金銭の支払を請求することができる。
2　遺留分侵害額は，第千四十二条の規定による遺留分から第一号及び第二号に掲げる額を控除し，これに第三号に掲げる額を加算して算定する。
一　遺留分権利者が受けた遺贈又は第九百三条第一項に規定する贈与の価額
二　第九百条から第九百二条まで，第九百三条及び第九百四条の規定により算定した相続分に応じて遺留分権利者が取得すべき遺産の価額
三　被相続人が相続開始の時において有した債務のうち，第八百九十九条の規定により遺留分権利者が承継する債務（次条第三項において「遺留分権利者承継債務」という。）の額

　また，上記のとおり，遺留分権利者には，物権的な効果まで認めずに，遺留分侵害額に相当する金銭の支払を請求することができるという債権的な効力に留まることになったことに伴い，以下の点についても改正されました。

平成30年相続法改正⑳　負担付贈与がある場合の遺留分の算定方法の見直し
　　（民法1045条）

民法1045条

第千四十五条　負担付贈与がされた場合における第千四十三条第一項に規定する贈与した財産の価額は，その目的の価額から負担の価額を控除した額とする。
2　不相当な対価をもってした有償行為は，当事者双方が遺留分権利者に損害を加えることを知ってしたものに限り，当該対価を負担の価額とする負担付贈与とみなす。

　第1項は，負担付贈与がある場合の遺留分算定について，従前に一部算入説か全部算入説かの争いがあったところを，一部算入説を採用することを明らかにしたものです。

　　全額算入説：遺留分算定の基礎となる財産の額を算定する際には，その目的
　　　　　　　　財産の価額を全額算入し，減殺の対象を目的財産の価額から
　　　　　　　　負担の価額を控除した後の残額に限定するという説。
　　一部算入説：負担付贈与がなされた場合について，目的財産の価額から負
　　　　　　　　担の価額を控除したものについて減殺を請求することができ，

遺留分算定の基礎となる財産の額を算定するに当たっても目的財産の価額を全額算入するのではなく，目的財産の価額から負担の価額を控除した後の残額に限定するという説。

　第2項は，従前は不相当な対価を含めた全額が減殺請求権の対象とされていたため，遺留分権利者は相当な対価部分を償還するとなっていたが，遺留分減殺請求権が物権的効果ではなく，債権的請求権を有するに過ぎないことになったため，不相当な対価部分だけの金銭の支払い請求ができるようになることから，このような解釈は不合理となったため，不相当な対価による有償行為がある場合は，不相当な対価を負担の価額とする負担付贈与とみなして，本条第1項によって規律されることになりました。

Ⅰ 遺留分減殺請求後の法律関係

【FAQ94】遺留分減殺請求後の法律関係

　不動産についての特定遺贈に対して，遺留分減殺請求をしたのですが，その後，遺産分割手続きによって，自己の持分に係る移転登記の手続きを受ける必要がありますか。

　相続法改正前は，遺留分減殺請求の結果として取り戻された財産は，遺留分減殺請求権者の固有財産となり，相続財産には復帰しないため，自己の持分などについては，訴訟で，所有権移転登記手続きを求めることができるとされていました。

　しかしながら，前述のとおり，相続法改正により，遺留分権利者には，物権的な効果まで認めずに，遺留分侵害額に相当する価値を返還させるという改正が行われたため（民法1046条1項），不動産の特定遺贈などにより遺留分を超えて，過大に相続人に贈与がなされても，遺留分減殺請求権者は，債権的に遺留分侵害額の支払いの請求しかできないことになりました。

★ 最高裁判決平成 8 年 1 月 26 日・民集 50 巻 1 号 132 頁

「遺贈に対して遺留分権利者が減殺請求権を行使した場合，遺贈は遺留分を侵害する限度において失効し，受遺者が取得した権利は遺留分を侵害する限度で当然に減殺請求をした遺留分権利者に帰属するところ（最高裁昭和五〇年(オ)第九二〇号同五一年八月三〇日第二小法廷判決・民集三〇巻七号七六八頁），遺言者の財産全部についての包括遺贈に対して遺留分権利者が減殺請求権を行使した場合に遺留分権利者に帰属する権利は，遺産分割の対象となる相続財産としての性質を有しないと解するのが相当である。その理由は，次のとおりである。

特定遺贈が効力を生ずると，特定遺贈の目的とされた特定の財産は何らの行為を要せずして直ちに受遺者に帰属し，遺産分割の対象となることはなく，また，民法は，遺留分減殺請求を減殺請求をした者の遺留分を保全するに必要な限度で認め（一〇三一条），遺留分減殺請求権を行使するか否か，これを放棄するか否かを遺留分権利者の意思にゆだね（一〇三一条，一〇四三条参照），減殺の結果生ずる法律関係を，相続財産との関係としてではなく，請求者と受贈者，受遺者等との個別的な関係として規定する（一〇三六条，一〇三七条，一〇三九条，一〇四〇条，一〇四一条参照）など，遺留分減殺請求権行使の効果が減殺請求をした遺留分権利者と受贈者，受遺者等との関係で個別的に生ずるものとしていることがうかがえるから，特定遺贈に対して遺留分権利者が減殺請求権を行使した場合に遺留分権利者に帰属する権利は，遺産分割の対象となる相続財産としての性質を有しないと解される。そして，遺言者の財産全部についての包括遺贈は，遺贈の対象となる財産を個々的に掲記する代わりにこれを包括的に表示する実質を有するもので，その限りで特定遺贈とその性質を異にするものではないからである。

以上によれば，原審の適法に確定した前記の事実関係の下において，被上告人が本件不動産に有する二四分の一の共有持分権は，遺産分割の対象となる相続財産としての性質を有しないものであって，被上告人は，上告人に対し，右共有持分権に基づき所有権一部移転登記手続を求めることができ，ま

た，上告人の不法行為によりその持分権を侵害されたのであるから，その持分の価額相当の損害賠償を求めることができる。」

したがって，従前遺留分減殺請求によって，特定物の一部について取り戻した場合には，物権法上共有となるので，その分割手続きは共有物分割訴訟によることになるとされていましたが，相続法改正後は，このような煩雑な権利関係が生じなくなります。

II 遺留分侵害額の算定方法

【FAQ95】相続債務がある場合の遺留分侵害額の算定方法

遺留分侵害額は，どのように算定しますか。

次の計算式で求めることとされています。

遺留分侵害額＝遺留分額－{(遺留分権利者の取得相続財産額－遺留分権利者の相続債務分担額)＋遺留分権利者の特別受益額＋遺留分権利者が受けた遺贈額}

遺留分額 （遺留分の基礎となる財産額× 個別的遺留分額） （上記第7・II・2参照）	遺留分侵害額
	遺贈額
	特別受益額
	遺留分権利者の取得相続財産額－相続債務分担額

★ 最高裁判決平成8年11月26日・民集50巻10号2747頁

「相続人が相続開始の時に債務を有していた場合の遺留分の額は，民法一〇二九条，一〇三〇条，一〇四四条に従って，被相続人が相続開始の時に有していた財産全体の価額にその贈与した財産の価額を加え，その中から債務の全額を控除して遺留分算定の基礎となる財産額を確定し，それに同法一〇二八条所定の遺留分の割合を乗じ，複数の遺留分権利者がいる場合は更に遺留分権利者それぞれの法定相続分の割合を乗じ，遺留分権利者がいわゆ

る特別受益財産を得ているときはその価額を控除して算定すべきものであり，遺留分の侵害額は，このようにして算定した遺留分の額から，遺留分権利者が相続によって得た財産がある場合はその額を控除し，同人が負担すべき相続債務がある場合はその額を加算して算定するものである。」

【ＦＡＱ96】財産全部及び全相続債務を相続させる旨の遺言がされた場合の遺留分侵害額

相続人の一人が全財産について相続させる旨の遺言で財産を譲り受け，さらに，相続債務も全て負担することになった場合に，私の法定相続分に応じた債務については，遺留分額に加算することはできますか。

遺留分額に加算することはできないこととされています。

債権者から相続債務について請求を受けて，弁済した場合には，相続債務を全て承継した相続人に対して求償することができるにとどまります。

★ 最高裁判決平成21年3月24日・裁時1480号1頁

「遺留分の侵害額は，確定された遺留分算定の基礎となる財産額に民法1028条所定の遺留分の割合を乗じるなどして算定された遺留分の額から，遺留分権利者が相続によって得た財産の額を控除し，同人が負担すべき相続債務の額を加算して算定すべきものであり（最高裁平成5年（オ）第947号同8年11月26日第三小法廷判決・民集50巻10号2747頁参照），その算定は，相続人間において，遺留分権利者の手元に最終的に取り戻すべき遺産の数額を算出するものというべきである。したがって，相続人のうちの1人に対して財産全部を相続させる旨の遺言がされ，当該相続人が相続債務もすべて承継したと解される場合，遺留分の侵害額の算定においては，遺留分権利者の法定相続分に応じた相続債務の額を遺留分の額に加算することは許されないものと解するのが相当である。遺留分権利者が相続債権者から相続債務について法定相続分に応じた履行を求められ，これに応じた場合も，履行した相続債務の額を遺留分の額に加算することはできず，相続債務をすべて承継した相続人に対して求償し得るにとどまるものというべきである。」

Ⅲ　遺留分減殺請求の行使

【FAQ97】遺留分減殺請求と代位行使（民法423条）

　　相続人の債権者です。債務者である相続人が遺留分減殺請求権を行使すれば，それなりに債務を支弁するに足る財産が入るはずですので，債権者の立場として，遺留分減殺請求権を代位行使したいと考えていますが，可能ですか。

　遺留分減殺請求権については，遺留分権利者がこれを第三者に譲渡するなど，権利行使の確定的意思を有することを外部に表明したと認められる特段の事情がない限り，債権者代位の目的とすることはできないとされています。すなわち，遺留分減殺請求権は，行使上の一身専属性が認められています。

★　最高裁判決平成13年11月22日・民集55巻6号1033頁
　「遺留分減殺請求権は，遺留分権利者が，これを第三者に譲渡するなど，権利行使の確定的意思を有することを外部に表明したと認められる特段の事情がある場合を除き，債権者代位の目的とすることができないと解するのが相当である。その理由は次のとおりである。
　遺留分制度は，被相続人の財産処分の自由と身分関係を背景とした相続人の諸利益との調整を図るものである。民法は，被相続人の財産処分の自由を尊重して，遺留分を侵害する遺言について，いったんその意思どおりの効果を生じさせるものとした上，これを覆して侵害された遺留分を回復するかどうかを，専ら遺留分権利者の自律的決定にゆだねたものということができる（一〇三一条，一〇四三条参照）。そうすると，**遺留分減殺請求権は，前記特段の事情がある場合を除き，行使上の一身専属性を有すると解するのが相当であり，民法四二三条一項ただし書にいう「債務者ノ一身ニ専属スル権利」に当たるというべきであって，遺留分権利者以外の者が，遺留分権利者の減殺請求権行使の意思決定に介入することは許されないと解するのが相当で**ある。民法一〇三一条が，遺留分権利者の承継人にも遺留分減殺請求権を認めていることは，この権利がいわゆる帰属上の一身専属性を有しないことを示

すものにすぎず，上記のように解する妨げとはならない。なお，債務者たる相続人が将来遺産を相続するか否かは，相続開始時の遺産の有無や相続の放棄によって左右される極めて不確実な事柄であり，相続人の債権者は，これを共同担保として期待すべきではないから，このように解しても債権者を不当に害するものとはいえない。」

Ⅳ 遺留分減殺の対象

【ＦＡＱ98】生命保険金受取人の変更と遺留分減殺の対象性

　被相続人は，私を生命保険金の受取人として指定してくれていたのですが，私と不仲となったことから，受取人を被相続人の父親としてしまいました。
　これによって，私は被相続人の死亡により得られる財産がかなり少なくなり，遺留分を侵害されていると考えています。そこで，生命保険金の受取人の変更について，遺留分減殺の対象とすることはできますか。

生命保険金の受取人の変更については，遺留分減殺の対象とすることはできないものとされています。

★ 最高裁判決平成14年11月5日・民集56巻8号2069頁
　「自己を被保険者とする生命保険契約の契約者が死亡保険金の受取人を変更する行為は，民法1031条に規定する遺贈又は贈与に当たるものではなく，これに準ずるものということもできないと解するのが相当である。けだし，死亡保険金請求権は，指定された保険金受取人が自己の固有の権利として取得するのであって，保険契約者又は被保険者から承継取得するものではなく，これらの者の相続財産を構成するものではないというべきであり（最高裁昭和36年(オ)第1028号同40年2月2日第三小法廷判決・民集19巻1号1頁参照），また，死亡保険金請求権は，被保険者の死亡時に初めて発生するものであり，保険契約者の払い込んだ保険料と等価の関係に立つものではなく，被保険者の稼働能力に代わる給付でもないのであって，死亡保険金請求権が実質的に保険契約者又は被保険者の財産に属していたものとみることもでき

ないからである。」

【FAQ99】相続分の指定・特別受益の持戻し免除・担保責任の免除と遺留分減殺の対象性

　遺留分減殺の対象は，法律の条文上は，遺贈と贈与のみとされていますが，相続分の指定（民法902条1項但書）や，特別受益の持戻し免除の意思表示（903条3項），担保責任の免除（914条）がなされた場合などは，これを遺留分の減殺の対象とすることはできませんか。

　相続分の指定や特別受益の持戻し免除の意思表示，担保責任の免除などは，遺留分減殺の対象とすることができます。

　後述するとおり，改正民法1047条1項本文により，相続分の指定による遺産の取得についても，遺贈等と同様に，遺留分侵害額請求の対象となることが明示されました。

★　最高裁決定平成24年1月26日・判例時報2148号61頁

　「本件遺言による相続分の指定が抗告人らの遺留分を侵害することは明らかであるから，本件遺留分減殺請求により，上記相続分の指定が減殺されることになる。相続分の指定が，特定の財産を処分する行為ではなく，相続人の法定相続分を変更する性質の行為であること，及び，遺留分制度が被相続人の財産処分の自由を制限し，相続人に被相続人の財産の一定割合の取得を保障することをその趣旨とするものであることに鑑みれば，遺留分減殺請求により相続分の指定が減殺された場合には，遺留分割合を超える相続分を指定された相続人の指定相続分が，その遺留分割合を超える部分の割合に応じて修正されるものと解するのが相当である」

　「遺留分減殺請求により特別受益に当たる贈与についてされた持戻し免除の意思表示が減殺された場合，持戻し免除の意思表示は，遺留分を侵害する限度で失効し，当該贈与に係る財産の価額は，上記の限度で，遺留分権利者である相続人の相続分に加算され，当該贈与を受けた相続人の相続分から控除されるものと解するのが相当である。持戻し免除の意思表示が上記の限度で

失効した場合に，その限度で当該贈与に係る財産の価額を相続財産とみなして各共同相続人の具体的相続分を算定すると，上記価額が共同相続人全員に配分され，遺留分権利者において遺留分相当額の財産を確保し得ないこととなり，上記の遺留分制度の趣旨に反する結果となることは明らかである。」

【ＦＡＱ１００】相続分の譲渡の遺留分減殺の対象性

父親の相続に際して，母親が面倒をみてもらっている息子Ａに無償で相続分の譲渡をしました。なお，息子が譲り受けた相続分の財産全体の価値としては負債が多いなどのマイナスの状態ではありませんでした。母親の相続に際して，母親のＡ以外の子供であるＢ・Ｃが母親から財産を受領できなかったとして，相続分の譲渡を受けたＡに対して，遺留分の減殺請求を行使することはできますか。

本件では，相続分の譲渡が「贈与」に当たるかが問題となります。

母親が息子Ａさんに譲渡した相続分については，譲渡分の財産全体の価値がマイナスになる場合を除き，「経済的利益を合意によって移転するもの」と定義され，母親からの「生前贈与」に当たることになるため，譲渡分の一部を母親の他の子供であるＢ・Ｃは，息子Ａさんに遺留分の減殺として請求することができます。

従前，高裁レベルの裁判例が分かれているところであり，贈与該当性否定説の論拠としては，相続分の譲渡は暫定的な持分の移転に過ぎず，財産は，父親の遺産分割後に父親から直接相続したのであるから贈与に当たらないということが根拠となっていました。

この点について，近時，最高裁が統一的な判断を下したことになります（最高裁判決平成30年10月19日）。

【ＦＡＱ１０１】遺留分権利者の減殺対象の選択の可否

遺留分減殺請求権者としては，遺留分減殺の対象を選択することはできますか。

選択することはできません。受遺者側に物件選択権があります。

なお，本論点も従前は伝統的な論点でしたが，改正民法では，遺留分権利者には物権的な効果まで認めずに，遺留分侵害額に相当する金銭の支払を請求することができるという債権的な効力に留まることになったことに伴い，論点としては顕在化しなくなったものと考えられます。

★ 東京地裁判決昭和61年9月26日・判時1214号116頁

「原告は遺留分減殺者には減殺の対象を選択する権利がある旨主張するけれども，右のように解すべき法文上の根拠はないし，これを認めると減殺者に恣意を許すことになり，またその後に予想される遺産分割等の内容を減殺者が一方的に先取りしてしまうことにもなるので減殺者に右選択権を認めることはできないから，原告の右主張は採用できない。」

【FAQ102】共同相続人の遺留分と遺留分減殺の対象性

遺留分減殺請求権者は，遺贈を受けた共同相続人に対して，当該共同相続人の遺留分も含めて減殺対象とすることはできますか。

減殺される側の共同相続人の遺留分が侵害されてしまい，このような結果は，遺留分制度の趣旨に反するので，受遺者の遺留分額を超える部分のみが減殺の対象となります。

なお，この点については，後述する改正情報の説明のとおり，改正民法1047条第1項本文で明文化されました。

★ 最高裁判決平成10年2月26日・民集52巻1号274頁

「相続人に対する遺贈が遺留分減殺の対象となる場合においては，右遺贈の目的の価額のうち受遺者の遺留分額を超える部分のみが，民法一〇三四条にいう目的の価額に当たるものというべきである。けだし，右の場合には受遺者も遺留分を有するものであるところ，遺贈の全額が減殺の対象となるものとすると減殺を受けた受遺者の遺留分が侵害されることが起こり得るが，このような結果は遺留分制度の趣旨に反すると考えられるからである。そして，特定の遺産を特定の相続人に相続させる趣旨の遺言による当該遺産の相続が

遺留分減殺の対象となる場合においても，以上と同様に解すべきである。」

V 遺留分減殺の順序

① 遺贈，「相続させる」旨の遺言，相続分の指定
② 死因贈与
③ 生前贈与
　※　遺贈が複数ある時は，遺言者の別段の意思表明がなければ，遺贈の価格の割合に応じて減殺する（同1034条）
　※　贈与が複数ある時は，相続開始時に近い贈与から始め，順次前の贈与に遡る（民法1035条）。

【FAQ103】相続させる旨の遺言と遺贈

特定の財産を特定の相続人に相続させる旨の遺言がある場合には，遺留分減殺にあたっての順序としては，これは，遺贈とは同視できますか。
遺贈と同視することができます。
★ 東京高裁判決平成12年3月8日・判タ1039号294頁
「特定の遺産を特定の相続人に相続させる旨の遺言（以下「相続させる遺言」という。）による相続は，右の関係では遺贈と同様に解するのが相当である」

【FAQ104】遺留分減殺の順序（死因贈与）

死因贈与は，遺留分減殺の順序でいうと，どこに位置づけられますか。
死因贈与については，贈与契約である以上，贈与の位置づけとなりますが，死亡を原因として生じるものですので，遺贈に次いで生前贈与より先に減殺の対象となります。
★ 東京高裁判決平成12年3月8日・判タ1039号294頁
「死因贈与も，生前贈与と同じく契約締結によって成立するものであるという点では，贈与としての性質を有していることは否定すべくもないのである

から，死因贈与は，遺贈と同様に採り扱うよりはむしろ贈与として取り扱うのが相当であり，ただ民法一〇三三条及び一〇三五条の趣旨にかんがみ，通常の生前贈与よりも遺贈に近い贈与として，遺贈に次いで，生前贈与より先に減殺の対象とすべきものと解するのが相当である。」

平成30年相続法改正㉑ 受遺者又は受贈者の負担額（民法1047条）

遺留分侵害額請求における受遺者又は受贈者の負担額に関して，判例実務の考え方等を明文化する改正が行われました。

民法1047条

> （受遺者又は受贈者の負担額）
> 第千四十七条　受遺者又は受贈者は，次の各号の定めるところに従い，遺贈（特定財産承継遺言による財産の承継又は相続分の指定による遺産の取得を含む。以下この章において同じ。）又は贈与（遺留分を算定するための財産の価額に算入されるものに限る。以下この章において同じ。）の目的の価額（受遺者又は受贈者が相続人である場合にあっては，当該価額から第千四十二条の規定による遺留分として当該相続人が受けるべき額を控除した額）を限度として，遺留分侵害額を負担する。
> 　一　受遺者と受贈者とがあるときは，受遺者が先に負担する。
> 　二　受遺者が複数あるとき，又は受贈者が複数ある場合においてその贈与が同時にされたものであるときは，受遺者又は受贈者がその目的の価額の割合に応じて負担する。ただし，遺言者がその遺言に別段の意思を表示したときは，その意思に従う。
> 　三　受贈者が複数あるとき（前号に規定する場合を除く。）は，後の贈与に係る受贈者から順次前の贈与に係る受贈者が負担する。
> 2　第九百四条，第千四十三条第二項及び第千四十五条の規定は，前項に規定する遺贈又は贈与の目的の価額について準用する。
> 3　前条第一項の請求を受けた受遺者又は受贈者は，遺留分権利者承継債務について弁済その他の債務を消滅させる行為をしたときは，消滅した債務の額の限度において，遺留分権利者に対する意思表示によって第一項の規定により負担する債務を消滅させることができる。この場合において，当該行為によって遺留分権利者に対して取得した求償権は，消滅した当該債務の額の限度において消滅する。
> 4　受遺者又は受贈者の無資力によって生じた損失は，遺留分権利者の負担に帰する。
> 5　裁判所は，受遺者又は受贈者の請求により，第一項の規定により負担する債務の全部又は一部の支払につき相当の期限を許与することができる。

第1項各号は，遺留分侵害額の負担の順序及び負担割合ですが，従前の規定

からは変更はありません。

　なお，第1項の本文では，特定財産承継文言（相続させる旨の遺言）や相続分の指定による遺産の取得についても，遺贈と同様に遺留分侵害額請求の対象となるため，その点を明文化しています。また，第1項本文で，「贈与（遺留分を算定するための財産の価額に算入されるものに限る。）」と規定されているのは，遺留分算定のための贈与は，第三者に対するものは原則1年以内，相続人の場合には原則10年と改正された点を受けての注意規定です。

　さらに，第1項本文で「目的の価額（受遺者又は受贈者が相続人である場合にあっては，当該価額から第千四十二条の規定による遺留分として当該相続人が受けるべき額を控除した額）」と規定されている点は，**FAQ102**で紹介した最高裁判決平成10年2月26日の判例の趣旨を明文化したものです。

　第2項は，受贈財産が受贈者の行為によって滅失等した場合の評価に関する民法904条，条件付き権利等に関する評価方法を定めた民法1043条2項，負担付き贈与及び不相当な対価による有償行為に関する規律を定めた民法1045条を，本条第1項においてもそれぞれ準用することを定めたものです。

　第3項は，遺留分権利者が承継した相続債務について，受遺者等が弁済するなど，その債務を消滅させる行為をした場合には，遺留分権利者による侵害額の請求権及び受遺者等の遺留分権利者に対する求償権が，その消滅した債務額の限度でそれぞれ減縮することを規定したものです。

　第4項は，旧民法1037条と同様に，受遺者等の無資力によって遺留分侵害額の支払いを受けられない場合であっても，遺留分権利者は，次順位の受遺者等に対してその不足額を請求することができないとするものです。

　第5項については，遺留分侵害額を直ちに支払えない場合には，裁判所に受遺者ないし受贈者は期限の許与を求めることができることになったので，事業承継の場面などでも使いやすい規定になったものといわれています。

Ⅵ 遺留分減殺請求に対する価格賠償

【FAQ105】価格賠償の要件

遺留分減殺請求に対して，現物返還ではなく，価格賠償をしたいと思っています。どのようにしたらよいですか。

原則としては，現物返還ですが，価格賠償をすることも許されています（民法1041条）。

その場合には，価格の弁償を現実に履行するか，価格弁償のための履行の提供をして，初めて現物返還義務を免れるものとされています。

なお，本論点も従前は伝統的な論点でしたが，改正民法では，遺留分権利者には物権的な効果まで認めずに，遺留分侵害額に相当する金銭の支払を請求することができるという債権的な効力に留まることになったことに伴い，論点としては，顕在化しなくなったものと考えられます。

★ 最高裁判決昭和54年7月10日・民集33巻5号562頁

「遺留分権利者が民法一〇三一条の規定に基づき遺贈の減殺を請求した場合において，受遺者が減殺を受けるべき限度において遺贈の目的の価額を遺留分権利者に弁償して返還の義務を免れうることは，同法一〇四一条により明らかであるところ，本件のように特定物の遺贈につき履行がされた場合において右規定により**受遺者が返還の義務を免れる効果を生ずるためには，受遺者において遺留分権利者に対し価額の弁償を現実に履行し又は価額の弁償のための弁済の提供をしなければならず，単に価額の弁償をすべき旨の意思表示をしただけでは足りないもの**，と解するのが相当である。けだし，右のような場合に単に弁償の意思表示をしたのみで受遺者をして返還の義務を免れさせるものとすることは，同条一項の規定の体裁に必ずしも合うものではないばかりでなく，遺留分権利者に対し右価額を確実に手中に収める道を保障しないまま減殺の請求の対象とされた目的の受遺者への帰属の効果を確定する結果となり，遺留分権利者と受遺者との間の権利の調整上公平を失し，ひいては遺留分の制度を設けた法意にそわないこととなるものというべきであ

るからである。」

【FAQ106】遺留分権利者からの価格賠償請求のための要件

　遺留分を害する受遺者から，遺贈の目的の価格について，履行の提供を受けていない場合でも，価格を弁償するという意思表示があれば，受遺者に対して，価格弁済請求をすることはできますか。
　また，価格賠償請求の遅延損害金の起算点は，いつになりますか。

　確かに，受遺者としては，履行の提供までしないと現物返還義務を免れませんが，遺留分減殺請求権者としては，価格弁償の意思表示さえあれば，現物返還請求をしてもよいし，それに代わる価格賠償請求権を行使することもできるとされています。
　そして，上記遺留分権利者が受遺者に対して，価格弁償を請求する権利を行使する旨の意思表示をした場合には，当該遺留分権利者は，遺留分減殺によって取得した目的物の所有権及び所有権に基づく現物返還請求権をさかのぼって失い，これに代わる価格弁償請求権を確定的に取得することになります。
　民法1041条1項に基づく価額弁償請求に係る遅延損害金の起算日は，上記のとおり遺留分権利者が価額弁償請求権を確定的に取得し，かつ，受遺者に対し弁償金の支払を請求した日の翌日になります。
　なお，本論点も従前は伝統的な論点でしたが，改正民法では，遺留分権利者には物権的な効果まで認めずに，遺留分侵害額に相当する金銭の支払を請求することができるという債権的な効力に留まることになったことに伴い，論点としては顕在化しなくなったものと考えられます。
　改正民法においても，遺留分侵害額請求の法的性質については，現行法上と同様に形成権であるとされており，その権利の行使の意思表示により金銭債権が発生し，具体的な金銭支払請求権を行使することにより遺留分侵害額が回復されます。そのため，遅延損害金の起算点については，遺留分侵害額請求のあった日の翌日からということになります。もっとも，改正民法1047条5項により，受遺者又は受贈者の請求により，債務の全部又は一部の支払につき裁判所

が相当の期限を許与することができるようになった点には注意が必要です。

★ 最高裁判決平成 20 年 1 月 24 日・民集 62 巻 1 号 63 頁

「受遺者が遺留分権利者から遺留分減殺に基づく目的物の現物返還請求を受け，遺贈の目的の価額について履行の提供をした場合には，当該受遺者は目的物の返還義務を免れ，他方，当該遺留分権利者は，受遺者に対し，弁償すべき価額に相当する金銭の支払を求める権利を取得すると解される（前掲最高裁昭和 54 年 7 月 10 日第三小法廷判決，前掲最高裁平成 9 年 2 月 25 日第三小法廷判決参照）。また，上記受遺者が遺贈の目的の価額について履行の提供をしていない場合であっても，遺留分権利者に対して遺贈の目的の価額を弁償する旨の意思表示をしたときには，遺留分権利者は，受遺者に対し，遺留分減殺に基づく目的物の現物返還請求権を行使することもできるし，それに代わる価額弁償請求権を行使することもできると解される（最高裁昭和 50 年（オ）第 920 号同 51 年 8 月 30 日第二小法廷判決・民集 30 巻 7 号 768 頁，前掲最高裁平成 9 年 2 月 25 日第三小法廷判決参照）。そして，上記遺留分権利者が受遺者に対して価額弁償を請求する権利を行使する旨の意思表示をした場合には，当該遺留分権利者は，遺留分減殺によって取得した目的物の所有権及び所有権に基づく現物返還請求権をさかのぼって失い，これに代わる価額弁償請求権を確定的に取得すると解するのが相当である。したがって，受遺者は，遺留分権利者が受遺者に対して価額弁償を請求する権利を行使する旨の意思表示をした時点で，遺留分権利者に対し，適正な遺贈の目的の価額を弁償すべき義務を負うというべきであり，同価額が最終的には裁判所によって事実審口頭弁論終結時を基準として定められることになっても（前掲最高裁昭和 51 年 8 月 30 日第二小法廷判決参照），同義務の発生時点が事実審口頭弁論終結時となるものではない。そうすると，民法 1041 条 1 項に基づく価額弁償請求に係る遅延損害金の起算日は，上記のとおり遺留分権利者が価額弁償請求権を確定的に取得し，かつ，受遺者に対し弁償金の支払を請求した日の翌日ということになる。」

【ＦＡＱ１０７】遺留分減殺の対象とされた贈与又は遺贈の目的である各個の財産の価格賠償

受遺者は，遺留分減殺の対象とされた贈与又は遺贈の目的である各個の財産について，その一部のみについて価格弁償をすることもできますか。

遺留分減殺の対象となる各個の財産の一部のみについて価格賠償をすることも可能です。

なお，本論点も従前は伝統的な論点でしたが，改正民法では，遺留分権利者には物権的な効果まで認めずに，遺留分侵害額に相当する金銭の支払を請求することができるという債権的な効力に留まることになったことに伴い，論点としては顕在化しなくなったものと考えられます。

★ 最高裁判決平成12年7月11日・民集54巻6号1886頁

「受贈者又は受遺者は，民法一〇四一条一項に基づき，減殺された贈与又は遺贈の目的たる各個の財産について，価額を弁償して，その返還義務を免れることができるものと解すべきである。

なぜならば，遺留分権利者のする返還請求は権利の対象たる各財産について観念されるのであるから，その返還義務を免れるための価額の弁償も返還請求に係る各個の財産についてなし得るものというべきであり，また，遺留分は遺留分算定の基礎となる財産の一定割合を示すものであり，遺留分権利者が特定の財産を取得することが保障されているものではなく（民法一〇二八条ないし一〇三五条参照），受贈者又は受遺者は，当該財産の価額の弁償を現実に履行するか又はその履行の提供をしなければ，遺留分権利者からの返還請求を拒み得ないのであるから（最高裁昭和五三年（オ）第九〇七号同五四年七月一〇日第三小法廷判決・民集三三巻五号五六二頁），右のように解したとしても，遺留分権利者の権利を害することにはならないからである。このことは，遺留分減殺の目的がそれぞれ異なる者に贈与又は遺贈された複数の財産である場合には，各受贈者又は各受遺者は各別に各財産について価額の弁償をすることができることからも肯認できるところである。そして，相続財産全部の包括遺贈の場合であっても，個々の財産についてみれ

ば特定遺贈とその性質を異にするものではないから（最高裁平成三年（オ）第一七七二号同八年一月二六日第二小法廷判決・民集五〇巻一号一三二頁），右に説示したことが妥当するのである。」

VII 遺留分減殺請求と時効の関係

【FAQ108】遺留分減殺請求権の消滅時効

　　遺留分減殺請求権は，相続の開始及び減殺すべき贈与又は遺贈のあったことを知った時から１年で，時効により消滅するということですが，私は遺贈の遺言が無効であると思っており，自分には減殺すべき遺贈があったとは思っていません。そのような場合は，遺言が有効であったことが裁判等で確定するまで，時効は進まないということでよいのでしょうか。

　遺言が無効であるという主張について，事実上及び法律上の根拠があって，遺留分権利者が右無効を信じているため遺留分減殺請求権を行使しなかったことがもっともと首肯しうる特段の事情が認められない限りは，当該遺贈が減殺することができるものであることを知っていたことと推認され，時効期間は進行しているとされてしまいます。このような場合，遺留分権利者としては，予備的に遺留分減殺請求をしておくことをおすすめします。

★ 最高裁判決昭和 57 年 11 月 12 日・民集 36 巻 11 号 2193 頁

　「民法一〇四二条にいう「減殺すべき贈与があつたことを知つた時」とは，贈与の事実及びこれが減殺できるものであることを知つた時と解すべきであるから，遺留分権利者が贈与の無効を信じて訴訟上抗争しているような場合は，贈与の事実を知つただけで直ちに減殺できる贈与があつたことまでを知つていたものと断定することはできないというべきである（大審院昭和一二年（オ）第一七〇九号同一三年二月二六日判決・民集一七巻二七五頁参照）。しかしながら，民法が遺留分減殺請求権につき特別の短期消滅時効を規定した趣旨に鑑みれば，遺留分権利者が訴訟上無効の主張をしさえすれば，それが根拠のない言いがかりにすぎない場合であつても時効は進行を始めないと

するのは相当でないから，被相続人の財産のほとんど全部が贈与されていて遺留分権利者が右事実を認識しているという場合においては，無効の主張について，一応，事実上及び法律上の根拠があつて，遺留分権利者が右無効を信じているため遺留分減殺請求権を行使しなかつたことがもつとも首肯しうる特段の事情が認められない限り，右贈与が減殺することのできるものであることを知つていたものと推認するのが相当というべきである。」

【ＦＡＱ１０９】遺産分割協議の申し入れと遺留分減殺請求

　他の共同相続人に遺留分の侵害を受けていたため，遺産分割協議の申し入れをした場合には，遺留分減殺請求の意思表示をしたものとして扱われますか。

　遺産分割と遺留分減殺は，その要件，効果を異にするので，遺産分割協議の申し入れに，当然，遺留分減殺の意思表示が含まれていると解することはできません。

　もっとも，被相続人の全財産が相続人の一部の者に遺贈された場合に，遺留分減殺請求権を有する相続人が遺贈の効力を争うことなく，遺産分割協議の申し入れをした時は，特段の事情のない限り，その申し入れには遺留分減殺の意思表示が含まれていると解釈した判例があります。

★　最高裁判決平成10年6月11日・民集52巻4号1034頁

　「遺産分割と遺留分減殺とは，その要件，効果を異にするから，遺産分割協議の申入れに，当然，遺留分減殺の意思表示が含まれているということはできない。しかし，被相続人の全財産が相続人の一部の者に遺贈された場合には，遺贈を受けなかった相続人が遺産の配分を求めるためには，法律上，遺留分減殺によるほかないのであるから，遺留分減殺請求権を有する相続人が，遺贈の効力を争うことなく，遺産分割協議の申入れをしたときは，特段の事情のない限り，その申入れには遺留分減殺の意思表示が含まれていると解するのが相当である。」

【FAQ110】遺留分減殺請求権の消滅時効

　遺留分減殺請求権自体は行使しましたが，まだ遺留分減殺請求により取得した不動産の所有権に基づいて登記手続きの請求をせず，3年が経過してしまいました。この場合には，目的物返還請求権としての登記手続請求権は，時効によって消滅してしまいますか。

　民法1042条の消滅時効の期間は，あくまで遺留分減殺請求権そのものだけであり，その行使の結果として生じた物権的な登記手続請求権については，消滅時効にかからないものとされています。

　なお，改正民法でも，1年の消滅時効に服するのは形成権である遺留分侵害額請求権そのものですが，遺留分権利者には，物権的な効果まで認めずに遺留分侵害額に相当する金銭の支払を請求することができるという債権的な効力に留まることになったことに伴い，遺留分侵害額請求権行使の意思表示により生じた金銭債権は，債権の消滅時効の規定が適用されることに留意が必要です。

★　最高裁判決昭和57年3月4日・民集36巻3号241頁

　「<u>民法一〇三一条所定の遺留分減殺請求権は形成権であつて，その行使により贈与又は遺贈は遺留分を侵害する限度において失効し，受贈者又は受遺者が取得した権利は右の限度で当然に遺留分権利者に帰属する</u>ものと解すべきものであることは，当裁判所の判例とするところであり（最高裁昭和四〇年（オ）第一〇八四号同四一年七月一四日第一小法廷判決・民集二〇巻六号一一八三頁，最高裁昭和五〇年（オ）第九二〇号同五一年八月三〇日第二小法廷判決・民集三〇巻七号七六八頁），したがつて，<u>遺留分減殺請求に関する消滅時効について特別の定めをした同法一〇四二条にいう「減殺の請求権」は，右の形成権である減殺請求権そのものを指し，右権利行使の効果として生じた法律関係に基づく目的物の返還請求権等をもこれに含ましめて同条所定の特別の消滅時効に服せしめることとしたものではない</u>，と解するのが相当である。」

★　最高裁判決平成7年6月9日・判例タイムズ885号154頁

　「遺留分権利者が特定の不動産の贈与につき減殺請求をした場合には，受贈

者が取得した所有権は遺留分を侵害する限度で当然に右遺留分権利者に帰属することになるから（最高裁昭和五〇年（オ）第九二〇号同五一年八月三〇日第二小法廷判決・民集三〇巻七号七六八頁，最高裁昭和五三年（オ）第一九〇号同五七年三月四日第一小法廷判決・民集三六巻三号二四一頁），<u>遺留分権利者が減殺請求により取得した不動産の所有権又は共有持分権に基づく登記手続請求権は，時効によって消滅することはないものと解すべき</u>である。」

【ＦＡＱ１１１】遺留分減殺請求権に対する受贈者側の取得時効の抗弁の成否

　遺留分減殺請求権を受贈者に対して行使したのですが，受贈者としては，被相続人からの贈与の目的物を20年にわたって占有していたのだから取得時効が成立するとして，減殺に応じてくれません。遺留分減殺請求よりも取得時効が優先されてしまうのでしょうか。

　遺留分減殺の対象となる贈与の受贈者は，遺留分減殺請求がなされれば，被相続人からの贈与から減殺請求までに取得時効の期間が経過したとしても，自己が取得した権利が遺留分を侵害する限度で遺留分権利者に帰属することを容認しなければなりません。これは，遺留分を侵害する贈与がなされてから，被相続人が死亡するまでに時効期間が経過した場合には，遺留分権利者としては，取得時効を中断する法的手段のないままに遺留分に相当する権利を取得することができない結果となり，不合理であると考えられるからです。

　改正民法の下でも，同様に，遺留分侵害額請求に対して，遺留分を害する贈与の目的物の取得時効の抗弁は主張できないものと考えられます。

★　最高裁判決平成11年6月24日・民集53巻5号918頁

「被相続人がした贈与が遺留分減殺の対象としての要件を満たす場合には，遺留分権利者の減殺請求により，贈与は遺留分を侵害する限度において失効し，受贈者が取得した権利は右の限度で当然に右遺留分権利者に帰属するに至るものであり（最高裁昭和四〇年(オ)第一〇八四号同四一年七月一四日第

一小法廷判決・民集二〇巻六号一一八三頁，最高裁昭和五〇年（オ）第九二〇号同五一年八月三〇日第二小法廷判決・民集三〇巻七号七六八頁），受贈者が，右贈与に基づいて目的物の占有を取得し，民法一六二条所定の期間，平穏かつ公然にこれを継続し，取得時効を援用したとしても，それによって，遺留分権利者への権利の帰属が妨げられるものではないと解するのが相当である。けだし，民法は，遺留分減殺によって法的安定が害されることに対し一定の配慮をしながら（一〇三〇条前段，一〇三五条，一〇四二条等），遺留分減殺の対象としての要件を満たす贈与については，それが減殺請求の何年前にされたものであるかを問わず，減殺の対象となるものとしていること，前記のような占有を継続した受贈者が贈与の目的物を時効取得し，減殺請求によっても受贈者が取得した権利が遺留分権利者に帰属することがないとするならば，遺留分を侵害する贈与がされてから被相続人が死亡するまでに時効期間が経過した場合には，遺留分権利者は，取得時効を中断する法的手段のないまま，遺留分に相当する権利を取得できない結果となることなどにかんがみると，遺留分減殺の対象としての要件を満たす贈与の受贈者は，減殺請求がされれば，贈与から減殺請求までに時効期間が経過したとしても，自己が取得した権利が遺留分を侵害する限度で遺留分権利者に帰属することを容認すべきであるとするのが，民法の趣旨であると解されるからである。」

おわりに

　以上，相続法における重要な判例や裁判例を簡潔な事例とともに見てきました。裁判例を何のとっかかりもなく，一から見ていくと，どのような点が問題になっているのか分かりづらいかと思いますが，簡潔な事例とともに見ていくことで，問題意識をもって，裁判例等を見ていくことができるかと思います。

　また，相続法の分野においては，預貯金に関する平成28年12月19日の最高裁大法廷決定が出され，遺産分割手続きの実務が判例によって，大きく変更されていく流れも本書では紹介できたと存じます。

　そして，相続法改正により，配偶者の居住権の保護や，自筆証書遺言の方式の緩和など，より実用的な改正がなされており，これらの相続法改正に伴う部分についても適宜情報を注記し，実務に与える影響についても付言しております。また，相続法の改正等を踏まえても，相続法に関する裁判例・判例の大部分は，今後も踏襲されていくものと考えられますので，皆様にとって，本書は，今後においても，相続に関する論点についての理解を深める一助となるのではないかと考えております。

　最後までお目通しをいただいた読者の皆様には感謝申し上げます。

　また，本書執筆にあたって，株式会社税務経理協会の鈴木利美様には多大なるご協力，ご尽力をいただきましたので，この場を借りて御礼申し上げます。

著　者

● 自筆証書遺言の方式の緩和方策として考えられる遺言例

・自筆証書遺言の方式(全文自書)の緩和方策として考えられる例

1 遺言書本文(全て自書しなければならないものとする。)

遺 言 書

1 私は,私の所有する別紙目録第1記載の不動産を,長男甲野一郎(昭和○年○月○日生)に相続させる。

2 私は,私の所有する別紙目録第2記載の預貯金を,次男甲野次郎(昭和○年○月○日生)に相続させる。

3 私は,上記1及び2の財産以外の預貯金,有価証券その他一切の財産を,妻甲野花子(昭和○年○月○日生)に相続させる。

4 私は,この遺言の遺言執行者として,次の者を指定する。
　　住　　所　　○○県○○市○○町○丁目○番地○
　　職　　業　　弁護士
　　氏　　名　　丙山　太郎
　　生年月日　　昭和○年○月○日

平成31年2月1日

　　住所　東京都千代田区霞が関1丁目1番1号

　　　　　　　甲　野　太　郎　㊞

2 別紙目録（署名部分以外は自書でなくてもよいものとする。）

物 件 等 目 録

第1　不動産
　1　土地
　　　所　　在　　○○市○○区○○町○丁目
　　　地　　番　　○番○
　　　地　　積　　○○平方メートル
　2　建物
　　　所　　在　　○○市○○区○○町○丁目○番地
　　　家屋番号　　○番○
　　　種　　類　　居宅
　　　構　　造　　木造瓦葺2階建
　　　床 面 積　　1階　○○平方メートル
　　　　　　　　　2階　○○平方メートル
　3　区分所有権
　　1棟の建物の表示
　　　　所　　在　　○○市○○区○○町○丁目○番地○
　　　　建物の名称　○○マンション
　　専有部分の建物の表示
　　　　家 屋 番 号　　○○市○○区○○町○丁目○番の○○
　　　　建物の番号　　○○
　　　　床 面 積　　○階部分　○○平方メートル
　　敷地権の目的たる土地の表示
　　　　土地の符号　　1
　　　　所在及び地番　○○市○○区○○町○丁目○番
　　　　地　　目　　宅地
　　　　地　　積　　○○平方メートル
　　敷地権の表示
　　　　土 地 の 符 号　1
　　　　敷地権の種類　所有権
　　　　敷地権の割合　○○○○○分の○○○

第2　預貯金
　1　○○銀行○○支店　普通預金
　　　口座番号　○○○
　2　通常貯金
　　　記　　号　○○○
　　　番　　号　○○○

　　　　　　　　　　　　　　　　　　　甲　野　太　郎　㊞

（出典：法務省ウェブサイト　http://www.moj.go.jp/content/001279213.pdf）

・遺言書の訂正の方法に関する例

遺言書

一　長女花子に，別紙一の不動産及び別紙二の預金を相続させる。

二　長男一郎に，別紙三の不動産を相続させる。

三　東京和男に，別紙四の~~動産~~株式㊞を遺贈する。

　　　平成三十一年二月一日
　　　　　　法　務　五　郎　㊞

　　　上記三中，二字削除二字追加
　　　　　　法　務　五　郎

（注）「行書体」で記載している部分は自書。

別紙一

目　録

一　所　在　東京都千代田区霞が関一丁目
　　地　番　〇番〇号
　　地　目　宅地
　　地　積　〇平方メートル

　　　　　　　　　　　霞が関㊞

二　所　在　東京都千代田区九段南一丁目〇番〇号
　　家屋番号　〇番〇
　　種　類　居宅
　　構　造　木造瓦葺2階建て
　　床面積　1階　〇平方メートル
　　　　　　2階　〇平方メートル

　　　　法　務　五　郎　㊞

　上記二中，三字削除三字追加
　　　　法　務　五　郎

別紙二

普通預金通帳	○銀行
	○支店

お名前
　法　務　五　郎　様

店番　　　　　　　口座番号
　○○　　　　　　　　○○○

※　通帳のコピー

　　法　務　五　郎　㊞

別紙三

様式例・1

表 題 部 （土地の表示）		調製	〔余白〕	不動産番号	00000000000
地図番号	〔余白〕	筆界特定	〔余白〕		
所　在	特別区南都町一丁目			〔余白〕	
①地　番	②地　目	③　地　　積　㎡		原因及びその日付〔登記の日付〕	
101番	宅地		300：00	不詳 〔平成20年10月14日〕	
所 有 者	特別区南都町一丁目1番1号　甲　野　太　郎				

権 利 部 （ 甲 区 ） （ 所 有 権 に 関 す る 事 項 ）			
順位番号	登　記　の　目　的	受付年月日・受付番号	権　利　者　そ　の　他　の　事　項
1	所有権保存	平成20年10月15日 第637号	所有者　特別区南都町一丁目1番1号 　　　　甲　野　太　郎
2	所有権移転	平成20年10月27日 第718号	原因　平成20年10月26日売買 所有者　特別区南都町一丁目5番5号 　　　　法　務　五　郎

権 利 部 （ 乙 区 ） （ 所 有 権 以 外 の 権 利 に 関 す る 事 項 ）			
順位番号	登　記　の　目　的	受付年月日・受付番号	権　利　者　そ　の　他　の　事　項
1	抵当権設定	平成20年11月12日 第807号	原因　平成20年11月4日金銭消費貸借同日 設定 債権額　金4,000万円 利息　年2・60％（年365日日割計算） 損害金　年14・5％（年365日日割計算） 債務者　特別区南都町一丁目5番5号 　　　　法　務　五　郎 抵当権者　特別区北都町三丁目3番3号 　　　　株式会社南北銀行 　　　　（取扱店　南都支店） 共同担保　目録㈱第2340号

共 同 担 保 目 録				
記号及び番号	㈱第2340号		調製	平成20年11月12日
番　号	担保の目的である権利の表示		順位番号	予　　備
1	特別区南都町一丁目　101番の土地		1	〔余白〕
2	特別区南都町一丁目　101番地　家屋番号　101番の建物		1	〔余白〕

これは登記記録に記録されている事項の全部を証明した書面である。

平成21年3月27日
関東法務局特別出張所　　　　登記官　　　　法　務　八　郎

* 下線のあるものは抹消事項であることを示す。　　整理番号　D23992　（1/1）　　1/1

別紙四

　　　　　　　　　　　　目　　録

私名義の株式会社法務組の株式　　１２０００株

　　　　　　　　法　務　五　郎　㊞

（出典：法務省ウェブサイト http://www.moj.go.jp/content/001279214.pdf）

● 法定相続情報制度関連資料

・法定相続情報一覧図の保管及び交付の申出書ひな形

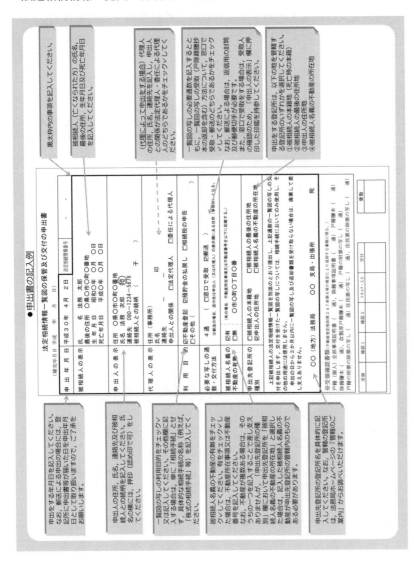

(出典:法務省ウェブサイト http://houmukyoku.moj.go.jp/homu/content/001229280.pdf)

・法定相続情報一覧図記載例（解説付き）

別紙1

✓ **相続人又は代理人が以下のような法定相続情報一覧図を作成**

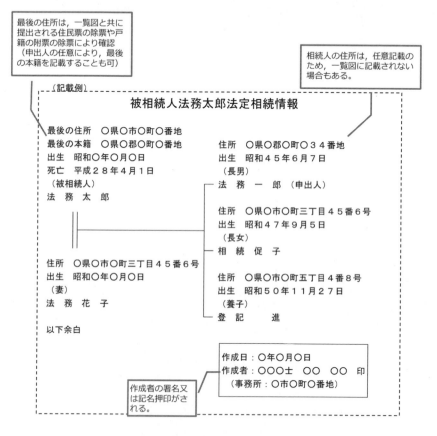

✓ 上記のような図形式のほか，被相続人及び相続人を単に列挙する記載の場合もある。
✓ 作成はＡ４の丈夫な白紙に。手書きも"明瞭に判読"できるものであれば可とする。

（出典：法務省ウェブサイト http://www.moj.go.jp/content/001222823.pdf より抜粋）

・認証文付き法定相続情報一覧図の写し参考例（解説付き）

別紙2

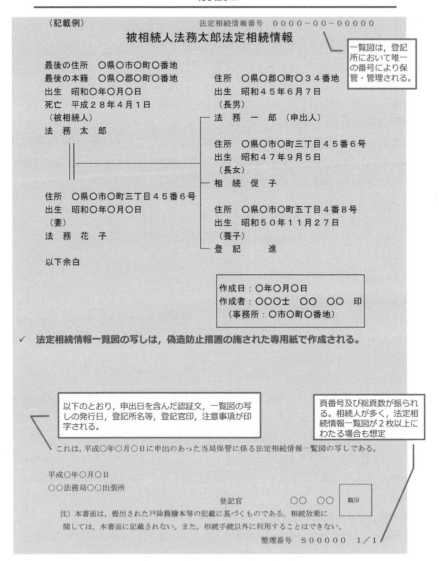

（法務省ウェブサイト http://www.moj.go.jp/content/001222823.pdf より抜粋）

● 新民法相続法条文（下線部分が改正部分）

第五編　相続
第一章　総則
（相続開始の原因）
第八百八十二条　相続は，死亡によって開始する。
（相続開始の場所）
第八百八十三条　相続は，被相続人の住所において開始する。
（相続回復請求権）
第八百八十四条　相続回復の請求権は，相続人又はその法定代理人が相続権を侵害された事実を知った時から五年間行使しないときは，時効によって消滅する。相続開始の時から二十年を経過したときも，同様とする。
（相続財産に関する費用）
第八百八十五条　相続財産に関する費用は，その財産の中から支弁する。ただし，相続人の過失によるものは，この限りでない。
2項⇒削除
第二章　相続人
（相続に関する胎児の権利能力）
第八百八十六条　胎児は，相続については，既に生まれたものとみなす。
2　前項の規定は，胎児が死体で生まれたときは，適用しない。
（子及びその代襲者等の相続権）
第八百八十七条　被相続人の子は，相続人となる。
2　被相続人の子が，相続の開始以前に死亡したとき，又は第八百九十一条の規定に該当し，若しくは廃除によって，その相続権を失ったときは，その者の子がこれを代襲して相続人となる。ただし，被相続人の直系卑属でない者は，この限りでない。
3　前項の規定は，代襲者が，相続の開始以前に死亡し，又は第八百九十一条の規定に該当し，若しくは廃除によって，その代襲相続権を失った場合について準用する。
第八百八十八条　削除
（直系尊属及び兄弟姉妹の相続権）
第八百八十九条　次に掲げる者は，第八百八十七条の規定により相続人となるべき者がない場合には，次に掲げる順序の順位に従って相続人となる。
　一　被相続人の直系尊属。ただし，親等の異なる者の間では，その近い者を先にする。
　二　被相続人の兄弟姉妹

2　第八百八十七条第二項の規定は，前項第二号の場合について準用する。
（配偶者の相続権）
第八百九十条　被相続人の配偶者は，常に相続人となる。この場合において，第八百八十七条又は前条の規定により相続人となるべき者があるときは，その者と同順位とする。
（相続人の欠格事由）
第八百九十一条　次に掲げる者は，相続人となることができない。
　一　故意に被相続人又は相続について先順位若しくは同順位にある者を死亡するに至らせ，又は至らせようとしたために，刑に処せられた者
　二　被相続人の殺害されたことを知って，これを告発せず，又は告訴しなかった者。ただし，その者に是非の弁別がないとき，又は殺害者が自己の配偶者若しくは直系血族であったときは，この限りでない。
　三　詐欺又は強迫によって，被相続人が相続に関する遺言をし，撤回し，取り消し，又は変更することを妨げた者
　四　詐欺又は強迫によって，被相続人に相続に関する遺言をさせ，撤回させ，取り消させ，又は変更させた者
　五　相続に関する被相続人の遺言書を偽造し，変造し，破棄し，又は隠匿した者
（推定相続人の廃除）
第八百九十二条　遺留分を有する推定相続人（相続が開始した場合に相続人となるべき者をいう。以下同じ。）が，被相続人に対して虐待をし，若しくはこれに重大な侮辱を加えたとき，又は推定相続人にその他の著しい非行があったときは，被相続人は，その推定相続人の廃除を家庭裁判所に請求することができる。
（遺言による推定相続人の廃除）
第八百九十三条　被相続人が遺言で推定相続人を廃除する意思を表示したときは，遺言執行者は，その遺言が効力を生じた後，遅滞なく，その推定相続人の廃除を家庭裁判所に請求しなければならない。この場合において，その推定相続人の廃除は，被相続人の死亡の時にさかのぼってその効力を生ずる。
（推定相続人の廃除の取消し）
第八百九十四条　被相続人は，いつでも，推定相続人の廃除の取消しを家庭裁判所に請求することができる。
2　前条の規定は，推定相続人の廃除の取消しについて準用する。
（推定相続人の廃除に関する審判確定前の遺産の管理）
第八百九十五条　推定相続人の廃除又はその取消しの請求があった後その審判が確定す

る前に相続が開始したときは，家庭裁判所は，親族，利害関係人又は検察官の請求によって，遺産の管理について必要な処分を命ずることができる。推定相続人の廃除の遺言があったときも，同様とする。
2　第二十七条から第二十九条までの規定は，前項の規定により家庭裁判所が遺産の管理人を選任した場合について準用する。

第三章　相続の効力
第一節　総則
（相続の一般的効力）
第八百九十六条　相続人は，相続開始の時から，被相続人の財産に属した一切の権利義務を承継する。ただし，被相続人の一身に専属したものは，この限りでない。
（祭祀に関する権利の承継）
第八百九十七条　系譜，祭具及び墳墓の所有権は，前条の規定にかかわらず，慣習に従って祖先の祭祀を主宰すべき者が承継する。ただし，被相続人の指定に従って祖先の祭祀を主宰すべき者があるときは，その者が承継する。
2　前項本文の場合において慣習が明らかでないときは，同項の権利を承継すべき者は，家庭裁判所が定める。
（共同相続の効力）
第八百九十八条　相続人が数人あるときは，相続財産は，その共有に属する。
第八百九十九条　各共同相続人は，その相続分に応じて被相続人の権利義務を承継する。
<u>（共同相続における権利の承継の対抗要件）</u>
<u>第八百九十九条の二　相続による権利の承継は，遺産の分割によるものかどうかにかかわらず，次条及び第九百一条の規定により算定した相続分を超える部分については，登記，登録その他の対抗要件を備えなければ，第三者に対抗することができない。</u>
<u>2　前項の権利が債権である場合において，次条及び第九百一条の規定により算定した相続分を超えて当該債権を承継した共同相続人が当該債権に係る遺言の内容（遺産の分割により当該債権を承継した場合にあっては，当該債権に係る遺産の分割の内容）を明らかにして債務者にその承継の通知をしたときは，共同相続人の全員が債務者に通知をしたものとみなして，同項の規定を適用する。</u>

第二節　相続分
（法定相続分）
第九百条　同順位の相続人が数人あるときは，その相続分は，次の各号の定めるところによる。
　一　子及び配偶者が相続人であるときは，子の相続分及び配偶者の相続分は，各二分

の一とする。
　二　配偶者及び直系尊属が相続人であるときは，配偶者の相続分は，三分の二とし，直系尊属の相続分は，三分の一とする。
　三　配偶者及び兄弟姉妹が相続人であるときは，配偶者の相続分は，四分の三とし，兄弟姉妹の相続分は，四分の一とする。
　四　子，直系尊属又は兄弟姉妹が数人あるときは，各自の相続分は，相等しいものとする。ただし，父母の一方のみを同じくする兄弟姉妹の相続分は，父母の双方を同じくする兄弟姉妹の相続分の二分の一とする。
（代襲相続人の相続分）
第九百一条　第八百八十七条第二項又は第三項の規定により相続人となる直系卑属の相続分は，その直系尊属が受けるべきであったものと同じとする。ただし，直系卑属が数人あるときは，その各自の直系尊属が受けるべきであった部分について，前条の規定に従ってその相続分を定める。
2　前項の規定は，第八百八十九条第二項の規定により兄弟姉妹の子が相続人となる場合について準用する。
（遺言による相続分の指定）
第九百二条　被相続人は，前二条の規定にかかわらず，遺言で，共同相続人の相続分を定め，又はこれを定めることを第三者に委託することができる。ただし，被相続人又は第三者は，遺留分に関する規定に違反することができない。⇒但書削除
2　被相続人が，共同相続人中の一人若しくは数人の相続分のみを定め，又はこれを第三者に定めさせたときは，他の共同相続人の相続分は，前二条の規定により定める。
（相続分の指定がある場合の債権者の権利の行使）
第九百二条の二　被相続人が相続開始の時において有した債務の債権者は，前条の規定による相続分の指定がされた場合であっても，各共同相続人に対し，第九百条及び第九百一条の規定により算定した相続分に応じてその権利を行使することができる。ただし，その債権者が共同相続人の一人に対してその指定された相続分に応じた債務の承継を承認したときは，この限りでない。
（特別受益者の相続分）
第九百三条　共同相続人中に，被相続人から，遺贈を受け，又は婚姻若しくは養子縁組のため若しくは生計の資本として贈与を受けた者があるときは，被相続人が相続開始の時において有した財産の価額にその贈与の価額を加えたものを相続財産とみなし，第九百条から第九百二条までの規定により算定した相続分の中からその遺贈又は贈与の価額を控除した残額をもってその者の相続分とする。

2　遺贈又は贈与の価額が，相続分の価額に等しく，又はこれを超えるときは，受遺者又は受贈者は，その相続分を受けることができない。
3　被相続人が前二項の規定と異なった意思を表示したときは，その意思に従う。その意思表示は，遺留分に関する規定に違反しない範囲内で，その効力を有する。⇒削除
4　婚姻期間が二十年以上の夫婦の一方である被相続人が，他の一方に対し，その居住の用に供する建物又はその敷地について遺贈又は贈与をしたときは，当該被相続人は，その遺贈又は贈与について第一項の規定を適用しない旨の意思を表示したものと推定する。

第九百四条　前条に規定する贈与の価額は，受贈者の行為によって，その目的である財産が滅失し，又はその価格の増減があったときであっても，相続開始の時においてなお原状のままであるものとみなしてこれを定める。

（寄与分）

第九百四条の二　共同相続人中に，被相続人の事業に関する労務の提供又は財産上の給付，被相続人の療養看護その他の方法により被相続人の財産の維持又は増加について特別の寄与をした者があるときは，被相続人が相続開始の時において有した財産の価額から共同相続人の協議で定めたその者の寄与分を控除したものを相続財産とみなし，第九百条から第九百二条までの規定により算定した相続分に寄与分を加えた額をもってその者の相続分とする。
2　前項の協議が調わないとき，又は協議をすることができないときは，家庭裁判所は，同項に規定する寄与をした者の請求により，寄与の時期，方法及び程度，相続財産の額その他一切の事情を考慮して，寄与分を定める。
3　寄与分は，被相続人が相続開始の時において有した財産の価額から遺贈の価額を控除した残額を超えることができない。
4　第二項の請求は，第九百七条第二項の規定による請求があった場合又は第九百十条に規定する場合にすることができる。

（相続分の取戻権）

第九百五条　共同相続人の一人が遺産の分割前にその相続分を第三者に譲り渡したときは，他の共同相続人は，その価額及び費用を償還して，その相続分を譲り受けることができる。
2　前項の権利は，一箇月以内に行使しなければならない。

第三節　遺産の分割

（遺産の分割の基準）

第九百六条　遺産の分割は，遺産に属する物又は権利の種類及び性質，各相続人の年齢，職業，心身の状態及び生活の状況その他一切の事情を考慮してこれをする。

<u>第九百六条の二　遺産の分割前に遺産に属する財産が処分された場合であっても，共同相続人は，その全員の同意により，当該処分された財産が遺産の分割時に遺産として存在するものとみなすことができる。</u>

<u>2　前項の規定にかかわらず，共同相続人の一人又は数人により同項の財産が処分されたときは，当該共同相続人については，同項の同意を得ることを要しない。</u>

（遺産の分割の協議又は審判等）

第九百七条　共同相続人は，次条の規定により被相続人が遺言で禁じた場合を除き，いつでも，その協議で，遺産の<u>全部又は一部</u>の分割をすることができる。

2　遺産の分割について，共同相続人間に協議が調わないとき，又は協議をすることができないときは，各共同相続人は，その<u>全部又は一部</u>の分割を家庭裁判所に請求することができる。<u>ただし，遺産の一部を分割することにより他の共同相続人の利益を害するおそれがある場合におけるその一部の分割については，この限りでない。</u>

3　前項<u>本文</u>の場合において特別の事由があるときは，家庭裁判所は，期間を定めて，遺産の全部又は一部について，その分割を禁ずることができる。

（遺産の分割の方法の指定及び遺産の分割の禁止）

第九百八条　被相続人は，遺言で，遺産の分割の方法を定め，若しくはこれを定めることを第三者に委託し，又は相続開始の時から五年を超えない期間を定めて，遺産の分割を禁ずることができる。

（遺産の分割の効力）

第九百九条　遺産の分割は，相続開始の時にさかのぼってその効力を生ずる。ただし，第三者の権利を害することはできない。

<u>（遺産の分割前における預貯金債権の行使）</u>

<u>第九百九条の二　各共同相続人は，遺産に属する預貯金債権のうち相続開始の時の債権額の三分の一に第九百条及び第九百一条の規定により算定した当該共同相続人の相続分を乗じた額（標準的な当面の必要生計費，平均的な葬式の費用の額その他の事情を勘案して預貯金債権の債務者ごとに法務省令で定める額を限度とする。）については，単独でその権利を行使することができる。この場合において，当該権利の行使をした預貯金債権については，当該共同相続人が遺産の一部の分割によりこれを取得したものとみなす。</u>

（相続の開始後に認知された者の価額の支払請求権）

第九百十条　相続の開始後認知によって相続人となった者が遺産の分割を請求しようと

する場合において，他の共同相続人が既にその分割その他の処分をしたときは，価額のみによる支払の請求権を有する。

(共同相続人間の担保責任)

第九百十一条　各共同相続人は，他の共同相続人に対して，売主と同じく，その相続分に応じて担保の責任を負う。

(遺産の分割によって受けた債権についての担保責任)

第九百十二条　各共同相続人は，その相続分に応じ，他の共同相続人が遺産の分割によって受けた債権について，その分割の時における債務者の資力を担保する。

2　弁済期に至らない債権及び停止条件付きの債権については，各共同相続人は，弁済をすべき時における債務者の資力を担保する。

(資力のない共同相続人がある場合の担保責任の分担)

第九百十三条　担保の責任を負う共同相続人中に償還をする資力のない者があるときは，その償還することができない部分は，求償者及び他の資力のある者が，それぞれその相続分に応じて分担する。ただし，求償者に過失があるときは，他の共同相続人に対して分担を請求することができない。

(遺言による担保責任の定め)

第九百十四条　前三条の規定は，被相続人が遺言で別段の意思を表示したときは，適用しない。

第四章　相続の承認及び放棄

第一節　総則

(相続の承認又は放棄をすべき期間)

第九百十五条　相続人は，自己のために相続の開始があったことを知った時から三箇月以内に，相続について，単純若しくは限定の承認又は放棄をしなければならない。ただし，この期間は，利害関係人又は検察官の請求によって，家庭裁判所において伸長することができる。

2　相続人は，相続の承認又は放棄をする前に，相続財産の調査をすることができる。

第九百十六条　相続人が相続の承認又は放棄をしないで死亡したときは，前条第一項の期間は，その者の相続人が自己のために相続の開始があったことを知った時から起算する。

第九百十七条　相続人が未成年者又は成年被後見人であるときは，第九百十五条第一項の期間は，その法定代理人が未成年者又は成年被後見人のために相続の開始があったことを知った時から起算する。

(相続財産の管理)

第九百十八条　相続人は，その固有財産におけるのと同一の注意をもって，相続財産を管理しなければならない。ただし，相続の承認又は放棄をしたときは，この限りでない。
2　家庭裁判所は，利害関係人又は検察官の請求によって，いつでも，相続財産の保存に必要な処分を命ずることができる。
3　第二十七条から第二十九条までの規定は，前項の規定により家庭裁判所が相続財産の管理人を選任した場合について準用する。
（相続の承認及び放棄の撤回及び取消し）
第九百十九条　相続の承認及び放棄は，第九百十五条第一項の期間内でも，撤回することができない。
2　前項の規定は，第一編（総則）及び前編（親族）の規定により相続の承認又は放棄の取消しをすることを妨げない。
3　前項の取消権は，追認をすることができる時から六箇月間行使しないときは，時効によって消滅する。相続の承認又は放棄の時から十年を経過したときも，同様とする。
4　第二項の規定により限定承認又は相続の放棄の取消しをしようとする者は，その旨を家庭裁判所に申述しなければならない。

第二節　相続の承認
第一款　単純承認
（単純承認の効力）
第九百二十条　相続人は，単純承認をしたときは，無限に被相続人の権利義務を承継する。
（法定単純承認）
第九百二十一条　次に掲げる場合には，相続人は，単純承認をしたものとみなす。
　一　相続人が相続財産の全部又は一部を処分したとき。ただし，保存行為及び第六百二条に定める期間を超えない賃貸をすることは，この限りでない。
　二　相続人が第九百十五条第一項の期間内に限定承認又は相続の放棄をしなかったとき。
　三　相続人が，限定承認又は相続の放棄をした後であっても，相続財産の全部若しくは一部を隠匿し，私にこれを消費し，又は悪意でこれを相続財産の目録中に記載しなかったとき。ただし，その相続人が相続の放棄をしたことによって相続人となった者が相続の承認をした後は，この限りでない。

第二款　限定承認
（限定承認）
第九百二十二条　相続人は，相続によって得た財産の限度においてのみ被相続人の債務及び遺贈を弁済すべきことを留保して，相続の承認をすることができる。
（共同相続人の限定承認）

第九百二十三条　相続人が数人あるときは，限定承認は，共同相続人の全員が共同してのみこれをすることができる。
（限定承認の方式）
第九百二十四条　相続人は，限定承認をしようとするときは，第九百十五条第一項の期間内に，相続財産の目録を作成して家庭裁判所に提出し，限定承認をする旨を申述しなければならない。
（限定承認をしたときの権利義務）
第九百二十五条　相続人が限定承認をしたときは，その被相続人に対して有した権利義務は，消滅しなかったものとみなす。
（限定承認者による管理）
第九百二十六条　限定承認者は，その固有財産におけるのと同一の注意をもって，相続財産の管理を継続しなければならない。
2　第六百四十五条，第六百四十六条，第六百五十条第一項及び第二項並びに第九百十八条第二項及び第三項の規定は，前項の場合について準用する。
（相続債権者及び受遺者に対する公告及び催告）
第九百二十七条　限定承認者は，限定承認をした後五日以内に，すべての相続債権者（相続財産に属する債務の債権者をいう。以下同じ。）及び受遺者に対し，限定承認をしたこと及び一定の期間内にその請求の申出をすべき旨を公告しなければならない。この場合において，その期間は，二箇月を下ることができない。
2　前項の規定による公告には，相続債権者及び受遺者がその期間内に申出をしないときは弁済から除斥されるべき旨を付記しなければならない。ただし，限定承認者は，知れている相続債権者及び受遺者を除斥することができない。
3　限定承認者は，知れている相続債権者及び受遺者には，各別にその申出の催告をしなければならない。
4　第一項の規定による公告は，官報に掲載してする。
（公告期間満了前の弁済の拒絶）
第九百二十八条　限定承認者は，前条第一項の期間の満了前には，相続債権者及び受遺者に対して弁済を拒むことができる。
（公告期間満了後の弁済）
第九百二十九条　第九百二十七条第一項の期間が満了した後は，限定承認者は，相続財産をもって，その期間内に同項の申出をした相続債権者その他知れている相続債権者に，それぞれその債権額の割合に応じて弁済をしなければならない。ただし，優先権を有する債権者の権利を害することはできない。

（期限前の債務等の弁済）
第九百三十条　限定承認者は，弁済期に至らない債権であっても，前条の規定に従って弁済をしなければならない。
2　条件付きの債権又は存続期間の不確定な債権は，家庭裁判所が選任した鑑定人の評価に従って弁済をしなければならない。
（受遺者に対する弁済）
第九百三十一条　限定承認者は，前二条の規定に従って各相続債権者に弁済をした後でなければ，受遺者に弁済をすることができない。
（弁済のための相続財産の換価）
第九百三十二条　前三条の規定に従って弁済をするにつき相続財産を売却する必要があるときは，限定承認者は，これを競売に付さなければならない。ただし，家庭裁判所が選任した鑑定人の評価に従い相続財産の全部又は一部の価額を弁済して，その競売を止めることができる。
（相続債権者及び受遺者の換価手続への参加）
第九百三十三条　相続債権者及び受遺者は，自己の費用で，相続財産の競売又は鑑定に参加することができる。この場合においては，第二百六十条第二項の規定を準用する。
（不当な弁済をした限定承認者の責任等）
第九百三十四条　限定承認者は，第九百二十七条の公告若しくは催告をすることを怠り，又は同条第一項の期間内に相続債権者若しくは受遺者に弁済をしたことによって他の相続債権者若しくは受遺者に弁済をすることができなくなったときは，これによって生じた損害を賠償する責任を負う。第九百二十九条から第九百三十一条までの規定に違反して弁済をしたときも，同様とする。
2　前項の規定は，情を知って不当に弁済を受けた相続債権者又は受遺者に対する他の相続債権者又は受遺者の求償を妨げない。
3　第七百二十四条の規定は，前二項の場合について準用する。
（公告期間内に申出をしなかった相続債権者及び受遺者）
第九百三十五条　第九百二十七条第一項の期間内に同項の申出をしなかった相続債権者及び受遺者で限定承認者に知れなかったものは，残余財産についてのみその権利を行使することができる。ただし，相続財産について特別担保を有する者は，この限りでない。
（相続人が数人ある場合の相続財産の管理人）
第九百三十六条　相続人が数人ある場合には，家庭裁判所は，相続人の中から，相続財産の管理人を選任しなければならない。

2　前項の相続財産の管理人は，相続人のために，これに代わって，相続財産の管理及び債務の弁済に必要な一切の行為をする。

3　第九百二十六条から前条までの規定は，第一項の相続財産の管理人について準用する。この場合において，第九百二十七条第一項中「限定承認をした後五日以内」とあるのは，「その相続財産の管理人の選任があった後十日以内」と読み替えるものとする。

（法定単純承認の事由がある場合の相続債権者）

第九百三十七条　限定承認をした共同相続人の一人又は数人について第九百二十一条第一号又は第三号に掲げる事由があるときは，相続債権者は，相続財産をもって弁済を受けることができなかった債権額について，当該共同相続人に対し，その相続分に応じて権利を行使することができる。

第三節　相続の放棄

（相続の放棄の方式）

第九百三十八条　相続の放棄をしようとする者は，その旨を家庭裁判所に申述しなければならない。

（相続の放棄の効力）

第九百三十九条　相続の放棄をした者は，その相続に関しては，初めから相続人とならなかったものとみなす。

（相続の放棄をした者による管理）

第九百四十条　相続の放棄をした者は，その放棄によって相続人となった者が相続財産の管理を始めることができるまで，自己の財産におけるのと同一の注意をもって，その財産の管理を継続しなければならない。

2　第六百四十五条，第六百四十六条，第六百五十条第一項及び第二項並びに第九百十八条第二項及び第三項の規定は，前項の場合について準用する。

第五章　財産分離

（相続債権者又は受遺者の請求による財産分離）

第九百四十一条　相続債権者又は受遺者は，相続開始の時から三箇月以内に，相続人の財産の中から相続財産を分離することを家庭裁判所に請求することができる。相続財産が相続人の固有財産と混合しない間は，その期間の満了後も，同様とする。

2　家庭裁判所が前項の請求によって財産分離を命じたときは，その請求をした者は，五日以内に，他の相続債権者及び受遺者に対し，財産分離の命令があったこと及び一定の期間内に配当加入の申出をすべき旨を公告しなければならない。この場合において，その期間は，二箇月を下ることができない。

3　前項の規定による公告は，官報に掲載してする。

（財産分離の効力）
第九百四十二条　財産分離の請求をした者及び前条第二項の規定により配当加入の申出をした者は，相続財産について，相続人の債権者に先立って弁済を受ける。
（財産分離の請求後の相続財産の管理）
第九百四十三条　財産分離の請求があったときは，家庭裁判所は，相続財産の管理について必要な処分を命ずることができる。
2　第二十七条から第二十九条までの規定は，前項の規定により家庭裁判所が相続財産の管理人を選任した場合について準用する。
（財産分離の請求後の相続人による管理）
第九百四十四条　相続人は，単純承認をした後でも，財産分離の請求があったときは，以後，その固有財産におけるのと同一の注意をもって，相続財産の管理をしなければならない。ただし，家庭裁判所が相続財産の管理人を選任したときは，この限りでない。
2　第六百四十五条から第六百四十七条まで並びに第六百五十条第一項及び第二項の規定は，前項の場合について準用する。
（不動産についての財産分離の対抗要件）
第九百四十五条　財産分離は，不動産については，その登記をしなければ，第三者に対抗することができない。
（物上代位の規定の準用）
第九百四十六条　第三百四条の規定は，財産分離の場合について準用する。
（相続債権者及び受遺者に対する弁済）
第九百四十七条　相続人は，第九百四十一条第一項及び第二項の期間の満了前には，相続債権者及び受遺者に対して弁済を拒むことができる。
2　財産分離の請求があったときは，相続人は，第九百四十一条第二項の期間の満了後に，相続財産をもって，財産分離の請求又は配当加入の申出をした相続債権者及び受遺者に，それぞれその債権額の割合に応じて弁済をしなければならない。ただし，優先権を有する債権者の権利を害することはできない。
3　第九百三十条から第九百三十四条までの規定は，前項の場合について準用する。
（相続人の固有財産からの弁済）
第九百四十八条　財産分離の請求をした者及び配当加入の申出をした者は，相続財産をもって全部の弁済を受けることができなかった場合に限り，相続人の固有財産についてその権利を行使することができる。この場合においては，相続人の債権者は，その者に先立って弁済を受けることができる。
（財産分離の請求の防止等）

第九百四十九条　相続人は，その固有財産をもって相続債権者若しくは受遺者に弁済をし，又はこれに相当の担保を供して，財産分離の請求を防止し，又はその効力を消滅させることができる。ただし，相続人の債権者が，これによって損害を受けるべきことを証明して，異議を述べたときは，この限りでない。
（相続人の債権者の請求による財産分離）
第九百五十条　相続人が限定承認をすることができる間又は相続財産が相続人の固有財産と混合しない間は，相続人の債権者は，家庭裁判所に対して財産分離の請求をすることができる。
２　第三百四条，第九百二十五条，第九百二十七条から第九百三十四条まで，第九百四十三条から第九百四十五条まで及び第九百四十八条の規定は，前項の場合について準用する。ただし，第九百二十七条の公告及び催告は，財産分離の請求をした債権者がしなければならない。

第六章　相続人の不存在
（相続財産法人の成立）
第九百五十一条　相続人のあることが明らかでないときは，相続財産は，法人とする。
（相続財産の管理人の選任）
第九百五十二条　前条の場合には，家庭裁判所は，利害関係人又は検察官の請求によって，相続財産の管理人を選任しなければならない。
２　前項の規定により相続財産の管理人を選任したときは，家庭裁判所は，遅滞なくこれを公告しなければならない。
（不在者の財産の管理人に関する規定の準用）
第九百五十三条　第二十七条から第二十九条までの規定は，前条第一項の相続財産の管理人（以下この章において単に「相続財産の管理人」という。）について準用する。
（相続財産の管理人の報告）
第九百五十四条　相続財産の管理人は，相続債権者又は受遺者の請求があるときは，その請求をした者に相続財産の状況を報告しなければならない。
（相続財産法人の不成立）
第九百五十五条　相続人のあることが明らかになったときは，第九百五十一条の法人は，成立しなかったものとみなす。ただし，相続財産の管理人がその権限内でした行為の効力を妨げない。
（相続財産の管理人の代理権の消滅）
第九百五十六条　相続財産の管理人の代理権は，相続人が相続の承認をした時に消滅する。

2　前項の場合には，相続財産の管理人は，遅滞なく相続人に対して管理の計算をしなければならない。

(相続債権者及び受遺者に対する弁済)

第九百五十七条　第九百五十二条第二項の公告があった後二箇月以内に相続人のあることが明らかにならなかったときは，相続財産の管理人は，遅滞なく，すべての相続債権者及び受遺者に対し，一定の期間内にその請求の申出をすべき旨を公告しなければならない。この場合において，その期間は，二箇月を下ることができない。

2　第九百二十七条第二項から第四項まで及び第九百二十八条から第九百三十五条まで(第九百三十二条ただし書を除く。)の規定は，前項の場合について準用する。

(相続人の捜索の公告)

第九百五十八条　前条第一項の期間の満了後，なお相続人のあることが明らかでないときは，家庭裁判所は，相続財産の管理人又は検察官の請求によって，相続人があるならば一定の期間内にその権利を主張すべき旨を公告しなければならない。この場合において，その期間は，六箇月を下ることができない。

(権利を主張する者がない場合)

第九百五十八条の二　前条の期間内に相続人としての権利を主張する者がないときは，相続人並びに相続財産の管理人に知れなかった相続債権者及び受遺者は，その権利を行使することができない。

(特別縁故者に対する相続財産の分与)

第九百五十八条の三　前条の場合において，相当と認めるときは，家庭裁判所は，被相続人と生計を同じくしていた者，被相続人の療養看護に努めた者その他被相続人と特別の縁故があった者の請求によって，これらの者に，清算後残存すべき相続財産の全部又は一部を与えることができる。

2　前項の請求は，第九百五十八条の期間の満了後三箇月以内にしなければならない。

(残余財産の国庫への帰属)

第九百五十九条　前条の規定により処分されなかった相続財産は，国庫に帰属する。この場合においては，第九百五十六条第二項の規定を準用する。

第七章　遺言

第一節　総則

(遺言の方式)

第九百六十条　遺言は，この法律に定める方式に従わなければ，することができない。

(遺言能力)

第九百六十一条　十五歳に達した者は，遺言をすることができる。

第九百六十二条　第五条，第九条，第十三条及び第十七条の規定は，遺言については，適用しない。

第九百六十三条　遺言者は，遺言をする時においてその能力を有しなければならない。

（包括遺贈及び特定遺贈）

第九百六十四条　遺言者は，包括又は特定の名義で，その財産の全部又は一部を処分することができる。<u>ただし，遺留分に関する規定に違反することができない。⇒削除</u>

（相続人に関する規定の準用）

第九百六十五条　第八百八十六条及び第八百九十一条の規定は，受遺者について準用する。

（被後見人の遺言の制限）

第九百六十六条　被後見人が，後見の計算の終了前に，後見人又はその配偶者若しくは直系卑属の利益となるべき遺言をしたときは，その遺言は，無効とする。

2　前項の規定は，直系血族，配偶者又は兄弟姉妹が後見人である場合には，適用しない。

第二節　遺言の方式

第一款　普通の方式

（普通の方式による遺言の種類）

第九百六十七条　遺言は，自筆証書，公正証書又は秘密証書によってしなければならない。ただし，特別の方式によることを許す場合は，この限りでない。

（自筆証書遺言）

第九百六十八条　自筆証書によって遺言をするには，遺言者が，その全文，日付及び氏名を自書し，これに印を押さなければならない。

2　<u>前項の規定にかかわらず，自筆証書にこれと一体のものとして相続財産（第九百九十七条第一項に規定する場合における同項に規定する権利を含む。）の全部又は一部の目録を添付する場合には，その目録については，自書することを要しない。この場合において，遺言者は，その目録の毎葉（自書によらない記載がその両面にある場合にあっては，その両面）に署名し，印を押さなければならない。</u>

3　自筆証書<u>（前項の目録を含む。）</u>中の加除その他の変更は，遺言者が，その場所を指示し，これを変更した旨を付記して特にこれに署名し，かつ，その変更の場所に印を押さなければ，その効力を生じない。

（公正証書遺言）

第九百六十九条　公正証書によって遺言をするには，次に掲げる方式に従わなければならない。

　一　証人二人以上の立会いがあること。

　二　遺言者が遺言の趣旨を公証人に口授すること。

三　公証人が，遺言者の口述を筆記し，これを遺言者及び証人に読み聞かせ，又は閲覧させること。
　四　遺言者及び証人が，筆記の正確なことを承認した後，各自これに署名し，印を押すこと。ただし，遺言者が署名することができない場合は，公証人がその事由を付記して，署名に代えることができる。
　五　公証人が，その証書は前各号に掲げる方式に従って作ったものである旨を付記して，これに署名し，印を押すこと。
（公正証書遺言の方式の特則）
第九百六十九条の二　口がきけない者が公正証書によって遺言をする場合には，遺言者は，公証人及び証人の前で，遺言の趣旨を通訳人の通訳により申述し，又は自書して，前条第二号の口授に代えなければならない。この場合における同条第三号の規定の適用については，同号中「口述」とあるのは，「通訳人の通訳による申述又は自書」とする。
2　前条の遺言者又は証人が耳が聞こえない者である場合には，公証人は，同条第三号に規定する筆記した内容を通訳人の通訳により遺言者又は証人に伝えて，同号の読み聞かせに代えることができる。
3　公証人は，前二項に定める方式に従って公正証書を作ったときは，その旨をその証書に付記しなければならない。
（秘密証書遺言）
第九百七十条　秘密証書によって遺言をするには，次に掲げる方式に従わなければならない。
　一　遺言者が，その証書に署名し，印を押すこと。
　二　遺言者が，その証書を封じ，証書に用いた印章をもってこれに封印すること。
　三　遺言者が，公証人一人及び証人二人以上の前に封書を提出して，自己の遺言書である旨並びにその筆者の氏名及び住所を申述すること。
　四　公証人が，その証書を提出した日付及び遺言者の申述を封紙に記載した後，遺言者及び証人とともにこれに署名し，印を押すこと。
2　第九百六十八条第三項の規定は，秘密証書による遺言について準用する。
（方式に欠ける秘密証書遺言の効力）
第九百七十一条　秘密証書による遺言は，前条に定める方式に欠けるものがあっても，第九百六十八条に定める方式を具備しているときは，自筆証書による遺言としてその効力を有する。
（秘密証書遺言の方式の特則）
第九百七十二条　口がきけない者が秘密証書によって遺言をする場合には，遺言者は，

公証人及び証人の前で，その証書は自己の遺言書である旨並びにその筆者の氏名及び住所を通訳人の通訳により申述し，又は封紙に自書して，第九百七十条第一項第三号の申述に代えなければならない。
2　前項の場合において，遺言者が通訳人の通訳により申述したときは，公証人は，その旨を封紙に記載しなければならない。
3　第一項の場合において，遺言者が封紙に自書したときは，公証人は，その旨を封紙に記載して，第九百七十条第一項第四号に規定する申述の記載に代えなければならない。

（成年被後見人の遺言）
第九百七十三条　成年被後見人が事理を弁識する能力を一時回復した時において遺言をするには，医師二人以上の立会いがなければならない。
2　遺言に立ち会った医師は，遺言者が遺言をする時において精神上の障害により事理を弁識する能力を欠く状態になかった旨を遺言書に付記して，これに署名し，印を押さなければならない。ただし，秘密証書による遺言にあっては，その封紙にその旨の記載をし，署名し，印を押さなければならない。

（証人及び立会人の欠格事由）
第九百七十四条　次に掲げる者は，遺言の証人又は立会人となることができない。
　一　未成年者
　二　推定相続人及び受遺者並びにこれらの配偶者及び直系血族
　三　公証人の配偶者，四親等内の親族，書記及び使用人

（共同遺言の禁止）
第九百七十五条　遺言は，二人以上の者が同一の証書ですることができない。

第二款　特別の方式

（死亡の危急に迫った者の遺言）
第九百七十六条　疾病その他の事由によって死亡の危急に迫った者が遺言をしようとするときは，証人三人以上の立会いをもって，その一人に遺言の趣旨を口授して，これをすることができる。この場合においては，その口授を受けた者が，これを筆記して，遺言者及び他の証人に読み聞かせ，又は閲覧させ，各証人がその筆記の正確なことを承認した後，これに署名し，印を押さなければならない。
2　口がきけない者が前項の規定により遺言をする場合には，遺言者は，証人の前で，遺言の趣旨を通訳人の通訳により申述して，同項の口授に代えなければならない。
3　第一項後段の遺言者又は他の証人が耳が聞こえない者である場合には，遺言の趣旨の口授又は申述を受けた者は，同項後段に規定する筆記した内容を通訳人の通訳によ

りその遺言者又は他の証人に伝えて，同項後段の読み聞かせに代えることができる。
4　前三項の規定によりした遺言は，遺言の日から二十日以内に，証人の一人又は利害関係人から家庭裁判所に請求してその確認を得なければ，その効力を生じない。
5　家庭裁判所は，前項の遺言が遺言者の真意に出たものであるとの心証を得なければ，これを確認することができない。
（伝染病隔離者の遺言）
第九百七十七条　伝染病のため行政処分によって交通を断たれた場所に在る者は，警察官一人及び証人一人以上の立会いをもって遺言書を作ることができる。
（在船者の遺言）
第九百七十八条　船舶中に在る者は，船長又は事務員一人及び証人二人以上の立会いをもって遺言書を作ることができる。
（船舶遭難者の遺言）
第九百七十九条　船舶が遭難した場合において，当該船舶中に在って死亡の危急に迫った者は，証人二人以上の立会いをもって口頭で遺言をすることができる。
2　口がきけない者が前項の規定により遺言をする場合には，遺言者は，通訳人の通訳によりこれをしなければならない。
3　前二項の規定に従ってした遺言は，証人が，その趣旨を筆記して，これに署名し，印を押し，かつ，証人の一人又は利害関係人から遅滞なく家庭裁判所に請求してその確認を得なければ，その効力を生じない。
4　第九百七十六条第五項の規定は，前項の場合について準用する。
（遺言関係者の署名及び押印）
第九百八十条　第九百七十七条及び第九百七十八条の場合には，遺言者，筆者，立会人及び証人は，各自遺言書に署名し，印を押さなければならない。
（署名又は押印が不能の場合）
第九百八十一条　第九百七十七条から第九百七十九条までの場合において，署名又は印を押すことのできない者があるときは，立会人又は証人は，その事由を付記しなければならない。
（普通の方式による遺言の規定の準用）
第九百八十二条　第九百六十八条第三項及び第九百七十三条から第九百七十五条までの規定は，第九百七十六条から前条までの規定による遺言について準用する。
（特別の方式による遺言の効力）
第九百八十三条　第九百七十六条から前条までの規定によりした遺言は，遺言者が普通の方式によって遺言をすることができるようになった時から六箇月間生存するときは，

その効力を生じない。

(外国に在る日本人の遺言の方式)

第九百八十四条　日本の領事の駐在する地に在る日本人が公正証書又は秘密証書によって遺言をしようとするときは，公証人の職務は，領事が行う。

第三節　遺言の効力

(遺言の効力の発生時期)

第九百八十五条　遺言は，遺言者の死亡の時からその効力を生ずる。

2　遺言に停止条件を付した場合において，その条件が遺言者の死亡後に成就したときは，遺言は，条件が成就した時からその効力を生ずる。

(遺贈の放棄)

第九百八十六条　受遺者は，遺言者の死亡後，いつでも，遺贈の放棄をすることができる。

2　遺贈の放棄は，遺言者の死亡の時にさかのぼってその効力を生ずる。

(受遺者に対する遺贈の承認又は放棄の催告)

第九百八十七条　遺贈義務者（遺贈の履行をする義務を負う者をいう。以下この節において同じ。）その他の利害関係人は，受遺者に対し，相当の期間を定めて，その期間内に遺贈の承認又は放棄をすべき旨の催告をすることができる。この場合において，受遺者がその期間内に遺贈義務者に対してその意思を表示しないときは，遺贈を承認したものとみなす。

(受遺者の相続人による遺贈の承認又は放棄)

第九百八十八条　受遺者が遺贈の承認又は放棄をしないで死亡したときは，その相続人は，自己の相続権の範囲内で，遺贈の承認又は放棄をすることができる。ただし，遺言者がその遺言に別段の意思を表示したときは，その意思に従う。

(遺贈の承認及び放棄の撤回及び取消し)

第九百八十九条　遺贈の承認及び放棄は，撤回することができない。

2　第九百十九条第二項及び第三項の規定は，遺贈の承認及び放棄について準用する。

(包括受遺者の権利義務)

第九百九十条　包括受遺者は，相続人と同一の権利義務を有する。

(受遺者による担保の請求)

第九百九十一条　受遺者は，遺贈が弁済期に至らない間は，遺贈義務者に対して相当の担保を請求することができる。停止条件付きの遺贈についてその条件の成否が未定である間も，同様とする。

(受遺者による果実の取得)

第九百九十二条　受遺者は，遺贈の履行を請求することができる時から果実を取得する。

ただし，遺言者がその遺言に別段の意思を表示したときは，その意思に従う。
（遺贈義務者による費用の償還請求）
第九百九十三条　第二百九十九条の規定は，遺贈義務者が遺言者の死亡後に遺贈の目的物について費用を支出した場合について準用する。
2　果実を収取するために支出した通常の必要費は，果実の価格を超えない限度で，その償還を請求することができる。
（受遺者の死亡による遺贈の失効）
第九百九十四条　遺贈は，遺言者の死亡以前に受遺者が死亡したときは，その効力を生じない。
2　停止条件付きの遺贈については，受遺者がその条件の成就前に死亡したときも，前項と同様とする。ただし，遺言者がその遺言に別段の意思を表示したときは，その意思に従う。
（遺贈の無効又は失効の場合の財産の帰属）
第九百九十五条　遺贈が，その効力を生じないとき，又は放棄によってその効力を失ったときは，受遺者が受けるべきであったものは，相続人に帰属する。ただし，遺言者がその遺言に別段の意思を表示したときは，その意思に従う。
（相続財産に属しない権利の遺贈）
第九百九十六条　遺贈は，その目的である権利が遺言者の死亡の時において相続財産に属しなかったときは，その効力を生じない。ただし，その権利が相続財産に属するかどうかにかかわらず，これを遺贈の目的としたものと認められるときは，この限りでない。
第九百九十七条　相続財産に属しない権利を目的とする遺贈が前条ただし書の規定により有効であるときは，遺贈義務者は，その権利を取得して受遺者に移転する義務を負う。
2　前項の場合において，同項に規定する権利を取得することができないとき，又はこれを取得するについて過分の費用を要するときは，遺贈義務者は，その価額を弁償しなければならない。ただし，遺言者がその遺言に別段の意思を表示したときは，その意思に従う。
（遺贈義務者の引渡義務）
第九百九十八条　遺贈義務者は，遺贈の目的である物又は権利を，相続開始の時（その後に当該物又は権利について遺贈の目的として特定した場合にあっては，その特定した時）の状態で引き渡し，又は移転する義務を負う。ただし，遺言者がその遺言に別段の意思を表示したときは，その意思に従う。
（遺贈の物上代位）

第九百九十九条　遺言者が，遺贈の目的物の滅失若しくは変造又はその占有の喪失によって第三者に対して償金を請求する権利を有するときは，その権利を遺贈の目的としたものと推定する。

2　遺贈の目的物が，他の物と付合し，又は混和した場合において，遺言者が第二百四十三条から第二百四十五条までの規定により合成物又は混和物の単独所有者又は共有者となったときは，その全部の所有権又は持分を遺贈の目的としたものと推定する。

第千条　削除

（債権の遺贈の物上代位）

第千一条　債権を遺贈の目的とした場合において，遺言者が弁済を受け，かつ，その受け取った物がなお相続財産中に在るときは，その物を遺贈の目的としたものと推定する。

2　金銭を目的とする債権を遺贈の目的とした場合においては，相続財産中にその債権額に相当する金銭がないときであっても，その金額を遺贈の目的としたものと推定する。

（負担付遺贈）

第千二条　負担付遺贈を受けた者は，遺贈の目的の価額を超えない限度においてのみ，負担した義務を履行する責任を負う。

2　受遺者が遺贈の放棄をしたときは，負担の利益を受けるべき者は，自ら受遺者となることができる。ただし，遺言者がその遺言に別段の意思を表示したときは，その意思に従う。

（負担付遺贈の受遺者の免責）

第千三条　負担付遺贈の目的の価額が相続の限定承認又は遺留分回復の訴えによって減少したときは，受遺者は，その減少の割合に応じて，その負担した義務を免れる。ただし，遺言者がその遺言に別段の意思を表示したときは，その意思に従う。

第四節　遺言の執行

（遺言書の検認）

第千四条　遺言書の保管者は，相続の開始を知った後，遅滞なく，これを家庭裁判所に提出して，その検認を請求しなければならない。遺言書の保管者がない場合において，相続人が遺言書を発見した後も，同様とする。

2　前項の規定は，公正証書による遺言については，適用しない。

3　封印のある遺言書は，家庭裁判所において相続人又はその代理人の立会いがなければ，開封することができない。

（過料）

第千五条　前条の規定により遺言書を提出することを怠り，その検認を経ないで遺言を執行し，又は家庭裁判所外においてその開封をした者は，五万円以下の過料に処する。

（遺言執行者の指定）

第千六条　遺言者は，遺言で，一人又は数人の遺言執行者を指定し，又はその指定を第三者に委託することができる。

2　遺言執行者の指定の委託を受けた者は，遅滞なく，その指定をして，これを相続人に通知しなければならない。

3　遺言執行者の指定の委託を受けた者がその委託を辞そうとするときは，遅滞なくその旨を相続人に通知しなければならない。

（遺言執行者の任務の開始）

第千七条　遺言執行者が就職を承諾したときは，直ちにその任務を行わなければならない。

2　遺言執行者は，その任務を開始したときは，遅滞なく，遺言の内容を相続人に通知しなければならない。

（遺言執行者に対する就職の催告）

第千八条　相続人その他の利害関係人は，遺言執行者に対し，相当の期間を定めて，その期間内に就職を承諾するかどうかを確答すべき旨の催告をすることができる。この場合において，遺言執行者が，その期間内に相続人に対して確答をしないときは，就職を承諾したものとみなす。

（遺言執行者の欠格事由）

第千九条　未成年者及び破産者は，遺言執行者となることができない。

（遺言執行者の選任）

第千十条　遺言執行者がないとき，又はなくなったときは，家庭裁判所は，利害関係人の請求によって，これを選任することができる。

（相続財産の目録の作成）

第千十一条　遺言執行者は，遅滞なく，相続財産の目録を作成して，相続人に交付しなければならない。

2　遺言執行者は，相続人の請求があるときは，その立会いをもって相続財産の目録を作成し，又は公証人にこれを作成させなければならない。

（遺言執行者の権利義務）

第千十二条　遺言執行者は，遺言の内容を実現するため，相続財産の管理その他遺言の執行に必要な一切の行為をする権利義務を有する。

2　遺言執行者がある場合には，遺贈の履行は，遺言執行者のみが行うことができる。

3　第六百四十四条から第六百四十七条まで及び第六百五十条の規定は，遺言執行者について準用する。

（遺言の執行の妨害行為の禁止）

第千十三条　遺言執行者がある場合には，相続人は，相続財産の処分その他遺言の執行を妨げるべき行為をすることができない。

2　前項の規定に違反してした行為は，無効とする。ただし，これをもって善意の第三者に対抗することができない。

3　前二項の規定は，相続人の債権者（相続債権者を含む。）が相続財産についてその権利を行使することを妨げない。

（特定財産に関する遺言の執行）

第千十四条　前三条の規定は，遺言が相続財産のうち特定の財産に関する場合には，その財産についてのみ適用する。

2　遺産の分割の方法の指定として遺産に属する特定の財産を共同相続人の一人又は数人に承継させる旨の遺言（以下「特定財産承継遺言」という。）があったときは，遺言執行者は，当該共同相続人が第八百九十九条の二第一項に規定する対抗要件を備えるために必要な行為をすることができる。

3　前項の財産が預貯金債権である場合には，遺言執行者は，同項に規定する行為のほか，その預金又は貯金の払戻しの請求及びその預金又は貯金に係る契約の解約の申入れをすることができる。ただし，解約の申入れについては，その預貯金債権の全部が特定財産承継遺言の目的である場合に限る。

4　前二項の規定にかかわらず，被相続人が遺言で別段の意思を表示したときは，その意思に従う。

（遺言執行者の行為の効果）

第千十五条　遺言執行者がその権限内において遺言執行者であることを示してした行為は，相続人に対して直接にその効力を生ずる。

（遺言執行者の復任権）

第千十六条　遺言執行者は，自己の責任で第三者にその任務を行わせることができる。ただし，遺言者がその遺言に別段の意思を表示したときは，その意思に従う。

2　前項本文の場合において，第三者に任務を行わせることについてやむを得ない事由があるときは，遺言執行者は，相続人に対してその選任及び監督についての責任のみを負う。

（遺言執行者が数人ある場合の任務の執行）

第千十七条　遺言執行者が数人ある場合には，その任務の執行は，過半数で決する。た

だし，遺言者がその遺言に別段の意思を表示したときは，その意思に従う。

2　各遺言執行者は，前項の規定にかかわらず，保存行為をすることができる。

（遺言執行者の報酬）

第千十八条　家庭裁判所は，相続財産の状況その他の事情によって遺言執行者の報酬を定めることができる。ただし，遺言者がその遺言に報酬を定めたときは，この限りでない。

2　第六百四十八条第二項及び第三項の規定は，遺言執行者が報酬を受けるべき場合について準用する。

（遺言執行者の解任及び辞任）

第千十九条　遺言執行者がその任務を怠ったときその他正当な事由があるときは，利害関係人は，その解任を家庭裁判所に請求することができる。

2　遺言執行者は，正当な事由があるときは，家庭裁判所の許可を得て，その任務を辞することができる。

（委任の規定の準用）

第千二十条　第六百五十四条及び第六百五十五条の規定は，遺言執行者の任務が終了した場合について準用する。

（遺言の執行に関する費用の負担）

第千二十一条　遺言の執行に関する費用は，相続財産の負担とする。ただし，これによって遺留分を減ずることができない。

第五節　遺言の撤回及び取消し

（遺言の撤回）

第千二十二条　遺言者は，いつでも，遺言の方式に従って，その遺言の全部又は一部を撤回することができる。

（前の遺言と後の遺言との抵触等）

第千二十三条　前の遺言が後の遺言と抵触するときは，その抵触する部分については，後の遺言で前の遺言を撤回したものとみなす。

2　前項の規定は，遺言が遺言後の生前処分その他の法律行為と抵触する場合について準用する。

（遺言書又は遺贈の目的物の破棄）

第千二十四条　遺言者が故意に遺言書を破棄したときは，その破棄した部分については，遺言を撤回したものとみなす。遺言者が故意に遺贈の目的物を破棄したときも，同様とする。

（撤回された遺言の効力）

第千二十五条　前三条の規定により撤回された遺言は，その撤回の行為が，撤回され，取り消され，又は効力を生じなくなるに至ったときであっても，その効力を回復しない。ただし，その行為が錯誤，詐欺又は強迫による場合は，この限りでない。
（遺言の撤回権の放棄の禁止）
第千二十六条　遺言者は，その遺言を撤回する権利を放棄することができない。
（負担付遺贈に係る遺言の取消し）
第千二十七条　負担付遺贈を受けた者がその負担した義務を履行しないときは，相続人は，相当の期間を定めてその履行の催告をすることができる。この場合において，その期間内に履行がないときは，その負担付遺贈に係る遺言の取消しを家庭裁判所に請求することができる。

第八章　配偶者の居住の権利
第一節　配偶者居住権
（配偶者居住権）
第千二十八条　被相続人の配偶者（以下この章において単に「配偶者」という。）は，被相続人の財産に属した建物に相続開始の時に居住していた場合において，次の各号のいずれかに該当するときは，その居住していた建物（以下この節において「居住建物」という。）の全部について無償で使用及び収益をする権利（以下この章において「配偶者居住権」という。）を取得する。ただし，被相続人が相続開始の時に居住建物を配偶者以外の者と共有していた場合にあっては，この限りでない。
　一　遺産の分割によって配偶者居住権を取得するものとされたとき。
　二　配偶者居住権が遺贈の目的とされたとき。
２　居住建物が配偶者の財産に属することとなった場合であっても，他の者がその共有持分を有するときは，配偶者居住権は，消滅しない。
３　第九百三条第四項の規定は，配偶者居住権の遺贈について準用する。
（審判による配偶者居住権の取得）
第千二十九条　遺産の分割の請求を受けた家庭裁判所は，次に掲げる場合に限り，配偶者が配偶者居住権を取得する旨を定めることができる。
　一　共同相続人間に配偶者が配偶者居住権を取得することについて合意が成立しているとき。
　二　配偶者が家庭裁判所に対して配偶者居住権の取得を希望する旨を申し出た場合において，居住建物の所有者の受ける不利益の程度を考慮してもなお配偶者の生活を維持するために特に必要があると認めるとき（前号に掲げる場合を除く。）。
（配偶者居住権の存続期間）

第千三十条　配偶者居住権の存続期間は，配偶者の終身の間とする。ただし，遺産の分割の協議若しくは遺言に別段の定めがあるとき，又は家庭裁判所が遺産の分割の審判において別段の定めをしたときは，その定めるところによる。
（配偶者居住権の登記等）
第千三十一条　居住建物の所有者は，配偶者（配偶者居住権を取得した配偶者に限る。以下この節において同じ。）に対し，配偶者居住権の設定の登記を備えさせる義務を負う。
２　第六百五条の規定は配偶者居住権について，第六百五条の四の規定は配偶者居住権の設定の登記を備えた場合について準用する。
（配偶者による使用及び収益）
第千三十二条　配偶者は，従前の用法に従い，善良な管理者の注意をもって，居住建物の使用及び収益をしなければならない。ただし，従前居住の用に供していなかった部分について，これを居住の用に供することを妨げない。
２　配偶者居住権は，譲渡することができない。
３　配偶者は，居住建物の所有者の承諾を得なければ，居住建物の改築若しくは増築をし，又は第三者に居住建物の使用若しくは収益をさせることができない。
４　配偶者が第一項又は前項の規定に違反した場合において，居住建物の所有者が相当の期間を定めてその是正の催告をし，その期間内に是正がされないときは，居住建物の所有者は，当該配偶者に対する意思表示によって配偶者居住権を消滅させることができる。
（居住建物の修繕等）
第千三十三条　配偶者は，居住建物の使用及び収益に必要な修繕をすることができる。
２　居住建物の修繕が必要である場合において，配偶者が相当の期間内に必要な修繕をしないときは，居住建物の所有者は，その修繕をすることができる。
３　居住建物が修繕を要するとき（第一項の規定により配偶者が自らその修繕をするときを除く。），又は居住建物について権利を主張する者があるときは，配偶者は，居住建物の所有者に対し，遅滞なくその旨を通知しなければならない。ただし，居住建物の所有者が既にこれを知っているときは，この限りでない。
（居住建物の費用の負担）
第千三十四条　配偶者は，居住建物の通常の必要費を負担する。
２　第五百八十三条第二項の規定は，前項の通常の必要費以外の費用について準用する。
（居住建物の返還等）
第千三十五条　配偶者は，配偶者居住権が消滅したときは，居住建物の返還をしなけれ

ばならない。ただし，配偶者が居住建物について共有持分を有する場合は，居住建物の所有者は，配偶者居住権が消滅したことを理由としては，居住建物の返還を求めることができない。

2　第五百九十九条第一項及び第二項並びに第六百二十一条の規定は，前項本文の規定により配偶者が相続の開始後に附属させた物がある居住建物又は相続の開始後に生じた損傷がある居住建物の返還をする場合について準用する。

（使用貸借及び賃貸借の規定の準用）

第千三十六条　第五百九十七条第一項及び第三項，第六百条，第六百十三条並びに第六百十六条の二の規定は，配偶者居住権について準用する。

第二節　配偶者短期居住権

（配偶者短期居住権）

第千三十七条　配偶者は，被相続人の財産に属した建物に相続開始の時に無償で居住していた場合には，次の各号に掲げる区分に応じてそれぞれ当該各号に定める日までの間，その居住していた建物（以下この節において「居住建物」という。）の所有権を相続又は遺贈により取得した者（以下この節において「居住建物取得者」という。）に対し，居住建物について無償で使用する権利（居住建物の一部のみを無償で使用していた場合にあっては，その部分について無償で使用する権利。以下この節において「配偶者短期居住権」という。）を有する。ただし，配偶者が，相続開始の時において居住建物に係る配偶者居住権を取得したとき，又は第八百九十一条の規定に該当し若しくは廃除によってその相続権を失ったときは，この限りでない。

一　居住建物について配偶者を含む共同相続人間で遺産の分割をすべき場合遺産の分割により居住建物の帰属が確定した日又は相続開始の時から六箇月を経過する日のいずれか遅い日

二　前号に掲げる場合以外の場合第三項の申入れの日から六箇月を経過する日

2　前項本文の場合においては，居住建物取得者は，第三者に対する居住建物の譲渡その他の方法により配偶者の居住建物の使用を妨げてはならない。

3　居住建物取得者は，第一項第一号に掲げる場合を除くほか，いつでも配偶者短期居住権の消滅の申入れをすることができる。

（配偶者による使用）

第千三十八条　配偶者（配偶者短期居住権を有する配偶者に限る。以下この節において同じ。）は，従前の用法に従い，善良な管理者の注意をもって，居住建物の使用をしなければならない。

2　配偶者は，居住建物取得者の承諾を得なければ，第三者に居住建物の使用をさせる

ことができない。
3　配偶者が前二項の規定に違反したときは，居住建物取得者は，当該配偶者に対する意思表示によって配偶者短期居住権を消滅させることができる。

（配偶者居住権の取得による配偶者短期居住権の消滅）
第千三十九条　配偶者が居住建物に係る配偶者居住権を取得したときは，配偶者短期居住権は，消滅する。

（居住建物の返還等）
第千四十条　配偶者は，前条に規定する場合を除き，配偶者短期居住権が消滅したときは，居住建物の返還をしなければならない。ただし，配偶者が居住建物について共有持分を有する場合は，居住建物取得者は，配偶者短期居住権が消滅したことを理由としては，居住建物の返還を求めることができない。
2　第五百九十九条第一項及び第二項並びに第六百二十一条の規定は，前項本文の規定により配偶者が相続の開始後に附属させた物がある居住建物又は相続の開始後に生じた損傷がある居住建物の返還をする場合について準用する。

（使用貸借等の規定の準用）
第千四十一条　第五百九十七条第三項，第六百条，第六百十六条の二，第七百三十二条第二項，第千三十三条及び第千三十四条の規定は，配偶者短期居住権について準用する。

第九章　遺留分

（遺留分の帰属及びその割合）
第千四十二条　兄弟姉妹以外の相続人は，遺留分として，次条第一項に規定する遺留分を算定するための財産の価額に，次の各号に掲げる区分に応じてそれぞれ当該各号に定める割合を乗じた額を受ける。
　一　直系尊属のみが相続人である場合　三分の一
　二　前号に掲げる場合以外の場合　二分の一
2　相続人が数人ある場合には，前項各号に定める割合は，これらに第九百条及び第九百一条の規定により算定したその各自の相続分を乗じた割合とする。

（遺留分を算定するための財産の価額）
第千四十三条　遺留分を算定するための財産の価額は，被相続人が相続開始の時において有した財産の価額にその贈与した財産の価額を加えた額から債務の全額を控除した額とする。
2　条件付きの権利又は存続期間の不確定な権利は，家庭裁判所が選任した鑑定人の評価に従って，その価格を定める。

第千四十四条　贈与は，相続開始前の一年間にしたものに限り，前条の規定によりその

価額を算入する。当事者双方が遺留分権利者に損害を加えることを知って贈与をしたときは，一年前の日より前にしたものについても，同様とする。
2 　第九百四条の規定は，前項に規定する贈与の価額について準用する。
3 　相続人に対する贈与についての第一項の規定の適用については，同項中「一年」とあるのは「十年」と，「価額」とあるのは「価額（婚姻若しくは養子縁組のため又は生計の資本として受けた贈与の価額に限る。）」とする。
第千四十五条　負担付贈与がされた場合における第千四十三条第一項に規定する贈与した財産の価額は，その目的の価額から負担の価額を控除した額とする。
2 　不相当な対価をもってした有償行為は，当事者双方が遺留分権利者に損害を加えることを知ってしたものに限り，当該対価を負担の価額とする負担付贈与とみなす。この場合において，遺留分権利者がその減殺を請求するときは，その対価を償還しなければならない。⇒削除

（遺留分侵害額の請求）
第千四十六条　遺留分権利者及びその承継人は，受遺者（特定財産承継遺言により財産を承継し又は相続分の指定を受けた相続人を含む。以下この章において同じ。）又は受贈者に対し，遺留分侵害額に相当する金銭の支払を請求することができる。
2 　遺留分侵害額は，第千四十二条の規定による遺留分から第一号及び第二号に掲げる額を控除し，これに第三号に掲げる額を加算して算定する。
　一　遺留分権利者が受けた遺贈又は第九百三条第一項に規定する贈与の価額
　二　第九百条から第九百二条まで，第九百三条及び第九百四条の規定により算定した相続分に応じて遺留分権利者が取得すべき遺産の価額
　三　被相続人が相続開始の時において有した債務のうち，第八百九十九条の規定により遺留分権利者が承継する債務（次条第三項において「遺留分権利者承継債務」という。）の額

（受遺者又は受贈者の負担額）
第千四十七条　受遺者又は受贈者は，次の各号の定めるところに従い，遺贈（特定財産承継遺言による財産の承継又は相続分の指定による遺産の取得を含む。以下この章において同じ。）又は贈与（遺留分を算定するための財産の価額に算入されるものに限る。以下この章において同じ。）の目的の価額（受遺者又は受贈者が相続人である場合にあっては，当該価額から第千四十二条の規定による遺留分として当該相続人が受けるべき額を控除した額）を限度として，遺留分侵害額を負担する。
　一　受遺者と受贈者とがあるときは，受遺者が先に負担する。
　二　受遺者が複数あるとき，又は受贈者が複数ある場合においてその贈与が同時にさ

れたものであるときは，受遺者又は受贈者がその目的の価額の割合に応じて負担する。ただし，遺言者がその遺言に別段の意思を表示したときは，その意思に従う。
　三　受贈者が複数あるとき（前号に規定する場合を除く。）は，後の贈与に係る受贈者から順次前の贈与に係る受贈者が負担する。
2　第九百四条，第千四十三条第二項及び第千四十五条の規定は，前項に規定する遺贈又は贈与の目的の価額について準用する。
3　前条第一項の請求を受けた受遺者又は受贈者は，遺留分権利者承継債務について弁済その他の債務を消滅させる行為をしたときは，消滅した債務の額の限度において，遺留分権利者に対する意思表示によって第一項の規定により負担する債務を消滅させることができる。この場合において，当該行為によって遺留分権利者に対して取得した求償権は，消滅した当該債務の額の限度において消滅する。
4　受遺者又は受贈者の無資力によって生じた損失は，遺留分権利者の負担に帰する。
5　裁判所は，受遺者又は受贈者の請求により，第一項の規定により負担する債務の全部又は一部の支払につき相当の期限を許与することができる。

（遺留分侵害額請求権の期間の制限）
第千四十八条　遺留分侵害額の請求権は，遺留分権利者が，相続の開始及び遺留分を侵害する贈与又は遺贈があったことを知った時から一年間行使しないときは，時効によって消滅する。相続開始の時から十年を経過したときも，同様とする。

（遺留分の放棄）
第千四十九条　相続の開始前における遺留分の放棄は，家庭裁判所の許可を受けたときに限り，その効力を生ずる。
2　共同相続人の一人のした遺留分の放棄は，他の各共同相続人の遺留分に影響を及ぼさない。

第十章　特別の寄与
第千五十条　被相続人に対して無償で療養看護その他の労務の提供をしたことにより被相続人の財産の維持又は増加について特別の寄与をした被相続人の親族（相続人，相続の放棄をした者及び第八百九十一条の規定に該当し又は廃除によってその相続権を失った者を除く。以下この条において「特別寄与者」という。）は，相続の開始後，相続人に対し，特別寄与者の寄与に応じた額の金銭（以下この条において「特別寄与料」という。）の支払を請求することができる。
2　前項の規定による特別寄与料の支払について，当事者間に協議が調わないとき，又は協議をすることができないときは，特別寄与者は，家庭裁判所に対して協議に代わる処分を請求することができる。ただし，特別寄与者が相続の開始及び相続人を知っ

た時から六箇月を経過したとき，又は相続開始の時から一年を経過したときは，この限りでない。
3　前項本文の場合には，家庭裁判所は，寄与の時期，方法及び程度，相続財産の額その他一切の事情を考慮して，特別寄与料の額を定める。
4　特別寄与料の額は，被相続人が相続開始の時において有した財産の価額から遺贈の価額を控除した残額を超えることができない。
5　相続人が数人ある場合には，各相続人は，特別寄与料の額に第九百条から第九百二条までの規定により算定した当該相続人の相続分を乗じた額を負担する。

● 民法及び家事事件手続法の一部を改正する法律附則
（一部抜粋）

（施行期日）
第一条　この法律は，公布の日から起算して一年を超えない範囲内において政令で定める日から施行する。ただし，次の各号に掲げる規定は，当該各号に定める日から施行する。
　一　附則第三十条及び第三十一条の規定公布の日
　二　第一条中民法第九百六十八条，第九百七十条第二項及び第九百八十二条の改正規定並びに附則第六条の規定公布の日から起算して六月を経過した日
　三　第一条中民法第九百九十八条，第千条及び第千二十五条ただし書の改正規定並びに附則第七条及び第九条の規定民法の一部を改正する法律（平成二十九年法律第四十四号）の施行の日
　四　第二条並びに附則第十条，第十三条，第十四条，第十七条，第十八条及び第二十三条から第二十六条までの規定公布の日から起算して二年を超えない範囲内において政令で定める日
　五　第三条中家事事件手続法第三条の十一及び第三条の十四の改正規定並びに附則第十一条第一項の規定人事訴訟法等の一部を改正する法律（平成三十年法律第号）の施行の日又はこの法律の施行の日のいずれか遅い日

（民法の一部改正に伴う経過措置の原則）
第二条　この法律の施行の日（以下「施行日」という。）前に開始した相続については，この附則に特別の定めがある場合を除き，なお従前の例による。

（共同相続における権利の承継の対抗要件に関する経過措置）
第三条　第一条の規定による改正後の民法（以下「新民法」という。）第八百九十九条の二の規定は，施行日前に開始した相続に関し遺産の分割による債権の承継がされた

場合において，施行日以後にその承継の通知がされるときにも，適用する。
（夫婦間における居住用不動産の遺贈又は贈与に関する経過措置）
第四条　新民法第九百三条第四項の規定は，施行日前にされた遺贈又は贈与については，適用しない。
（遺産の分割前における預貯金債権の行使に関する経過措置）
第五条　新民法第九百九条の二の規定は，施行日前に開始した相続に関し，施行日以後に預貯金債権が行使されるときにも，適用する。
2　施行日から附則第一条第三号に定める日の前日までの間における新民法第九百九条の二の規定の適用については，同条中「預貯金債権のうち」とあるのは，「預貯金債権（預金口座又は貯金口座に係る預金又は貯金に係る債権をいう。以下同じ。）のうち」とする。
（自筆証書遺言の方式に関する経過措置）
第六条　附則第一条第二号に掲げる規定の施行の日前にされた自筆証書遺言については，新民法第九百六十八条第二項及び第三項の規定にかかわらず，なお従前の例による。
（遺贈義務者の引渡義務等に関する経過措置）
第七条　附則第一条第三号に掲げる規定の施行の日（以下「第三号施行日」という。）前にされた遺贈に係る遺贈義務者の引渡義務については，新民法第九百九十八条の規定にかかわらず，なお従前の例による。
2　第一条の規定による改正前の民法第千条の規定は，第三号施行日前にされた第三者の権利の目的である財産の遺贈については，なおその効力を有する。
（遺言執行者の権利義務等に関する経過措置）
第八条　新民法第千七条第二項及び第千十二条の規定は，施行日前に開始した相続に関し，施行日以後に遺言執行者となる者にも，適用する。
2　新民法第千十四条第二項から第四項までの規定は，施行日前にされた特定の財産に関する遺言に係る遺言執行者によるその執行については，適用しない。
3　施行日前にされた遺言に係る遺言執行者の復任権については，新民法第千十六条の規定にかかわらず，なお従前の例による。
（撤回された遺言の効力に関する経過措置）
第九条　第三号施行日前に撤回された遺言の効力については，新民法第千二十五条ただし書の規定にかかわらず，なお従前の例による。
（配偶者の居住の権利に関する経過措置）
第十条　第二条の規定による改正後の民法（次項において「第四号新民法」という。）第千二十八条から第千四十一条までの規定は，次項に定めるものを除き，附則第一条

第四号に掲げる規定の施行の日（以下この条において「第四号施行日」という。）以後に開始した相続について適用し，第四号施行日前に開始した相続については，なお従前の例による。

2　第四号新民法第千二十八条から第千三十六条までの規定は，第四号施行日前にされた遺贈については，適用しない。

（家事事件手続法の一部改正に伴う経過措置）

第十一条　第三条の規定による改正後の家事事件手続法（以下「新家事事件手続法」という。）第三条の十一第四項の規定は，附則第一条第五号に掲げる規定の施行の日前にした特定の国の裁判所に特別の寄与に関する処分の審判事件（新家事事件手続法別表第二の十五の項の事項についての審判事件をいう。）の申立てをすることができる旨の合意については，適用しない。

2　施行日から第三号施行日の前日までの間における新家事事件手続法第二百条第三項の規定の適用については，同項中「民法第四百六十六条の五第一項に規定する預貯金債権」とあるのは，「預金口座又は貯金口座に係る預金又は貯金に係る債権」とする。

（家事事件手続法の一部改正に伴う調整規定）

第十二条　施行日が人事訴訟法等の一部を改正する法律の施行の日前となる場合には，同日の前日までの間における新家事事件手続法第二百十六条の二及び別表第二の規定の適用については，同条中「審判事件」とあるのは「審判事件（別表第二の十五の項の事項についての審判事件をいう。）」と，同表中「第百九十七条」とあるのは「第百九十七条，第二百十六条の二」とする。

● 法務局における遺言書の保管等に関する法律
(平成三十年七月十三日法律第七十三号)

(趣旨)

第一条　この法律は、法務局(法務局の支局及び出張所、法務局の支局の出張所並びに地方法務局及びその支局並びにこれらの出張所を含む。次条第一項において同じ。)における遺言書(民法(明治二十九年法律第八十九号)第九百六十八条の自筆証書によってした遺言に係る遺言書をいう。以下同じ。)の保管及び情報の管理に関し必要な事項を定めるとともに、その遺言書の取扱いに関し特別の定めをするものとする。

(遺言書保管所)

第二条　遺言書の保管に関する事務は、法務大臣の指定する法務局が、遺言書保管所としてつかさどる。

2　前項の指定は、告示してしなければならない。

(遺言書保管官)

第三条　遺言書保管所における事務は、遺言書保管官(遺言書保管所に勤務する法務事務官のうちから、法務局又は地方法務局の長が指定する者をいう。以下同じ。)が取り扱う。

(遺言書の保管の申請)

第四条　遺言者は、遺言書保管官に対し、遺言書の保管の申請をすることができる。

2　前項の遺言書は、法務省令で定める様式に従って作成した無封のものでなければならない。

3　第一項の申請は、遺言者の住所地若しくは本籍地又は遺言者が所有する不動産の所在地を管轄する遺言書保管所(遺言者の作成した他の遺言書が現に遺言書保管所に保管されている場合にあっては、当該他の遺言書が保管されている遺言書保管所)の遺言書保管官に対してしなければならない。

4　第一項の申請をしようとする遺言者は、法務省令で定めるところにより、遺言書に添えて、次に掲げる事項を記載した申請書を遺言書保管官に提出しなければならない。

　一　遺言書に記載されている作成の年月日
　二　遺言者の氏名、出生の年月日、住所及び本籍(外国人にあっては、国籍)
　三　遺言書に次に掲げる者の記載があるときは、その氏名又は名称及び住所
　　イ　受遺者
　　ロ　民法第千六条第一項の規定により指定された遺言執行者
　四　前三号に掲げるもののほか、法務省令で定める事項

5　前項の申請書には、同項第二号に掲げる事項を証明する書類その他法務省令で定め

る書類を添付しなければならない。
6　遺言者が第一項の申請をするときは，遺言書保管所に自ら出頭して行わなければならない。

（遺言書保管官による本人確認）
第五条　遺言書保管官は，前条第一項の申請があった場合において，申請人に対し，法務省令で定めるところにより，当該申請人が本人であるかどうかの確認をするため，当該申請人を特定するために必要な氏名その他の法務省令で定める事項を示す書類の提示若しくは提出又はこれらの事項についての説明を求めるものとする。

（遺言書の保管等）
第六条　遺言書の保管は，遺言書保管官が遺言書保管所の施設内において行う。
2　遺言者は，その申請に係る遺言書が保管されている遺言書保管所（第四項及び第八条において「特定遺言書保管所」という。）の遺言書保管官に対し，いつでも当該遺言書の閲覧を請求することができる。
3　前項の請求をしようとする遺言者は，法務省令で定めるところにより，その旨を記載した請求書に法務省令で定める書類を添付して，遺言書保管官に提出しなければならない。
4　遺言者が第二項の請求をするときは，特定遺言書保管所に自ら出頭して行わなければならない。この場合においては，前条の規定を準用する。
5　遺言書保管官は，第一項の規定による遺言書の保管をする場合において，遺言者の死亡の日（遺言者の生死が明らかでない場合にあっては，これに相当する日として政令で定める日）から相続に関する紛争を防止する必要があると認められる期間として政令で定める期間が経過した後は，これを廃棄することができる。

（遺言書に係る情報の管理）
第七条　遺言書保管官は，前条第一項の規定により保管する遺言書について，次項に定めるところにより，当該遺言書に係る情報の管理をしなければならない。
2　遺言書に係る情報の管理は，磁気ディスク（これに準ずる方法により一定の事項を確実に記録することができる物を含む。）をもって調製する遺言書保管ファイルに，次に掲げる事項を記録することによって行う。
　一　遺言書の画像情報
　二　第四条第四項第一号から第三号までに掲げる事項
　三　遺言書の保管を開始した年月日
　四　遺言書が保管されている遺言書保管所の名称及び保管番号
3　前条第五項の規定は，前項の規定による遺言書に係る情報の管理について準用する。

この場合において，同条第五項中「廃棄する」とあるのは，「消去する」と読み替えるものとする。

（遺言書の保管の申請の撤回）

第八条　遺言者は，特定遺言書保管所の遺言書保管官に対し，いつでも，第四条第一項の申請を撤回することができる。

2　前項の撤回をしようとする遺言者は，法務省令で定めるところにより，その旨を記載した撤回書に法務省令で定める書類を添付して，遺言書保管官に提出しなければならない。

3　遺言者が第一項の撤回をするときは，特定遺言書保管所に自ら出頭して行わなければならない。この場合においては，第五条の規定を準用する。

4　遺言書保管官は，遺言者が第一項の撤回をしたときは，遅滞なく，当該遺言者に第六条第一項の規定により保管している遺言書を返還するとともに，前条第二項の規定により管理している当該遺言書に係る情報を消去しなければならない。

（遺言書情報証明書の交付等）

第九条　次に掲げる者（以下この条において「関係相続人等」という。）は，遺言書保管官に対し，遺言書保管所に保管されている遺言書（その遺言者が死亡している場合に限る。）について，遺言書保管ファイルに記録されている事項を証明した書面（第五項及び第十二条第一項第三号において「遺言書情報証明書」という。）の交付を請求することができる。

一　当該遺言書の保管を申請した遺言者の相続人（民法第八百九十一条の規定に該当し又は廃除によってその相続権を失った者及び相続の放棄をした者を含む。以下この条において同じ。）

二　前号に掲げる者のほか，当該遺言書に記載された次に掲げる者又はその相続人（ロに規定する母の相続人の場合にあっては，ロに規定する胎内に在る子に限る。）

　　イ　第四条第四項第三号イに掲げる者

　　ロ　民法第七百八十一条第二項の規定により認知するものとされた子（胎内に在る子にあっては，その母）

　　ハ　民法第八百九十三条の規定により廃除する意思を表示された推定相続人（同法第八百九十二条に規定する推定相続人をいう。以下このハにおいて同じ。）又は同法第八百九十四条第二項において準用する同法第八百九十三条の規定により廃除を取り消す意思を表示された推定相続人

　　ニ　民法第八百九十七条第一項ただし書の規定により指定された祖先の祭祀を主宰すべき者

ホ　国家公務員災害補償法（昭和二十六年法律第百九十一号）第十七条の五第三項の規定により遺族補償一時金を受けることができる遺族のうち特に指定された者又は地方公務員災害補償法（昭和四十二年法律第百二十一号）第三十七条第三項の規定により遺族補償一時金を受けることができる遺族のうち特に指定された者
　　　ヘ　信託法（平成十八年法律第百八号）第三条第二号に掲げる方法によって信託がされた場合においてその受益者となるべき者として指定された者若しくは残余財産の帰属すべき者となるべき者として指定された者又は同法第八十九条第二項の規定による受益者指定権等の行使により受益者となるべき者
　　　ト　保険法（平成二十年法律第五十六号）第四十四条第一項又は第七十三条第一項の規定による保険金受取人の変更により保険金受取人となるべき者
　　　チ　イからトまでに掲げる者のほか、これらに類するものとして政令で定める者
　　三　前二号に掲げる者のほか、当該遺言書に記載された次に掲げる者
　　　イ　第四条第四項第三号ロに掲げる者
　　　ロ　民法第八百三十条第一項の財産について指定された管理者
　　　ハ　民法第八百三十九条第一項の規定により指定された未成年後見人又は同法第八百四十八条の規定により指定された未成年後見監督人
　　　ニ　民法第九百二条第一項の規定により共同相続人の相続分を定めることを委託された第三者、同法第九百八条の規定により遺産の分割の方法を定めることを委託された第三者又は同法第千六条第一項の規定により遺言執行者の指定を委託された第三者
　　　ホ　著作権法（昭和四十五年法律第四十八号）第七十五条第二項の規定により同条第一項の登録について指定を受けた者又は同法第百十六条第三項の規定により同条第一項の請求について指定を受けた者
　　　ヘ　信託法第三条第二号に掲げる方法によって信託がされた場合においてその受託者となるべき者、信託管理人となるべき者、信託監督人となるべき者又は受益者代理人となるべき者として指定された者
　　　ト　イからヘまでに掲げる者のほか、これらに類するものとして政令で定める者
２　前項の請求は、自己が関係相続人等に該当する遺言書（以下この条及び次条第一項において「関係遺言書」という。）を現に保管する遺言書保管所以外の遺言書保管所の遺言書保管官に対してもすることができる。
３　関係相続人等は、関係遺言書を保管する遺言書保管所の遺言書保管官に対し、当該関係遺言書の閲覧を請求することができる。
４　第一項又は前項の請求をしようとする者は、法務省令で定めるところにより、その

旨を記載した請求書に法務省令で定める書類を添付して，遺言書保管官に提出しなければならない。

5　遺言書保管官は，第一項の請求により遺言書情報証明書を交付し又は第三項の請求により関係遺言書の閲覧をさせたときは，法務省令で定めるところにより，速やかに，当該関係遺言書を保管している旨を遺言者の相続人並びに当該関係遺言書に係る第四条第四項第三号イ及びロに掲げる者に通知するものとする。ただし，それらの者が既にこれを知っているときは，この限りでない。

（遺言書保管事実証明書の交付）

第十条　何人も，遺言書保管官に対し，遺言書保管所における関係遺言書の保管の有無並びに当該関係遺言書が保管されている場合には遺言書保管ファイルに記録されている第七条第二項第二号（第四条第四項第一号に係る部分に限る。）及び第四号に掲げる事項を証明した書面（第十二条第一項第三号において「遺言書保管事実証明書」という。）の交付を請求することができる。

2　前条第二項及び第四項の規定は，前項の請求について準用する。

（遺言書の検認の適用除外）

第十一条　民法第千四条第一項の規定は，遺言書保管所に保管されている遺言書については，適用しない。

（手数料）

第十二条　次の各号に掲げる者は，物価の状況のほか，当該各号に定める事務に要する実費を考慮して政令で定める額の手数料を納めなければならない。

一　遺言書の保管の申請をする者遺言書の保管及び遺言書に係る情報の管理に関する事務

二　遺言書の閲覧を請求する者遺言書の閲覧及びそのための体制の整備に関する事務

三　遺言書情報証明書又は遺言書保管事実証明書の交付を請求する者遺言書情報証明書又は遺言書保管事実証明書の交付及びそのための体制の整備に関する事務

2　前項の手数料の納付は，収入印紙をもってしなければならない。

（行政手続法の適用除外）

第十三条　遺言書保管官の処分については，行政手続法（平成五年法律第八十八号）第二章の規定は，適用しない。

（行政機関の保有する情報の公開に関する法律の適用除外）

第十四条　遺言書保管所に保管されている遺言書及び遺言書保管ファイルについては，行政機関の保有する情報の公開に関する法律（平成十一年法律第四十二号）の規定は，適用しない。

（行政機関の保有する個人情報の保護に関する法律の適用除外）

第十五条　遺言書保管所に保管されている遺言書及び遺言書保管ファイルに記録されている保有個人情報（行政機関の保有する個人情報の保護に関する法律（平成十五年法律第五十八号）第二条第五項に規定する保有個人情報をいう。）については，同法第四章の規定は，適用しない。

（審査請求）

第十六条　遺言書保管官の処分に不服がある者又は遺言書保管官の不作為に係る処分を申請した者は，監督法務局又は地方法務局の長に審査請求をすることができる。

2　審査請求をするには，遺言書保管官に審査請求書を提出しなければならない。

3　遺言書保管官は，処分についての審査請求を理由があると認め，又は審査請求に係る不作為に係る処分をすべきものと認めるときは，相当の処分をしなければならない。

4　遺言書保管官は，前項に規定する場合を除き，三日以内に，意見を付して事件を監督法務局又は地方法務局の長に送付しなければならない。この場合において，監督法務局又は地方法務局の長は，当該意見を行政不服審査法（平成二十六年法律第六十八号）第十一条第二項に規定する審理員に送付するものとする。

5　法務局又は地方法務局の長は，処分についての審査請求を理由があると認め，又は審査請求に係る不作為に係る処分をすべきものと認めるときは，遺言書保管官に相当の処分を命じ，その旨を審査請求人のほか利害関係人に通知しなければならない。

6　法務局又は地方法務局の長は，審査請求に係る不作為に係る処分についての申請を却下すべきものと認めるときは，遺言書保管官に当該申請を却下する処分を命じなければならない。

7　第一項の審査請求に関する行政不服審査法の規定の適用については，同法第二十九条第五項中「処分庁等」とあるのは「審査庁」と，「弁明書の提出」とあるのは「法務局における遺言書の保管等に関する法律（平成三十年法律第七十三号）第十六条第四項に規定する意見の送付」と，同法第三十条第一項中「弁明書」とあるのは「法務局における遺言書の保管等に関する法律第十六条第四項の意見」とする。

（行政不服審査法の適用除外）

第十七条　行政不服審査法第十三条，第十五条第六項，第十八条，第二十一条，第二十五条第二項から第七項まで，第二十九条第一項から第四項まで，第三十一条，第三十七条，第四十五条第三項，第四十六条，第四十七条，第四十九条第三項（審査請求に係る不作為が違法又は不当である旨の宣言に係る部分を除く。）から第五項まで及び第五十二条の規定は，前条第一項の審査請求については，適用しない。

（政令への委任）

第十八条　この法律に定めるもののほか，遺言書保管所における遺言書の保管及び情報の管理に関し必要な事項は，政令で定める。
附則
　この法律は，公布の日から起算して二年を超えない範囲内において政令で定める日から施行する。

【著者紹介】

小谷　健太郎（コタニ　ケンタロウ）

弁護士・中央大学法科大学院実務講師。
2003年慶応義塾大学法学部法律学科卒業。
2006年中央大学法科大学院卒業，2006年に司法試験に合格。
現在は，弁護士法人銀座ファースト法律事務所のパートナーとして，企業法務実務，法律顧問業務，商事事件，労働事件，一般民事事件，破産再生実務・破産管財人業務，家事事件，刑事事件等，法人の企業法務全般から個人の方の案件まで多様な法律業務を行うとともに，セミナーでの講演や法科大学院での講師など幅広い仕事を行う。

著者との契約により検印省略

平成31年4月1日　初版第1刷発行

**重要判例＆事例でわかる
相続の手引き**
平成30年相続法改正完全対応！

著　者　小谷健太郎
発行者　大　坪　克　行
印刷所　光栄印刷株式会社
製本所　牧製本印刷株式会社

発行所　〒161-0033 東京都新宿区
　　　　下落合2丁目5番13号
振替 00190-2-187408
FAX(03)3565-3391
URL　http://www.zeikei.co.jp/
乱丁・落丁の場合は，お取替えいたします。

株式会社　**税務経理協会**

電話　(03)3953-3301（編集部）
　　　(03)3953-3325（営業部）

© 小谷健太郎 2019　　　　　　　　　Printed in Japan

本書の無断複写は著作権法上での例外を除き禁じられています。複写される場合は，そのつど事前に，(社)出版者著作権管理機構（電話 03-3513-6969，FAX03-3513-6979，e-mail：info@jcopy.or.jp）の許諾を得てください。

JCOPY ＜(社)出版者著作権管理機構 委託出版物＞

ISBN978-4-419-06602-4　C3034